세네카의 오늘 수업

Focus On What Matters

Copyrights © 2022 by Darius Foroux

All rights reserved.

No part of this book may be used or reproduced in any manner whatever without written permission except in the case of brief quotations embodied in critical articles or reviews.

Korean Translation Copyright © 2025 by Miraebook Publishing Co.

Korean edition is published by arrangement with Darius Foroux through BC Agency, Seoul.

이 책의 한국어판 저작권은 BC에이전시를 통해
저작권자와 독점계약한 미래의창에 있습니다.
저작권법에 의해 한국 내에서 보호 받는 저작물이므로 무단전재와 복제를 금합니다.

읽고 쓰고 마음에 새기는
스토아 철학의 지혜

세네카의
오늘 수업

다리우스 포루 Darius Foroux 지음
김지연 옮김

미래의창

서문

내가 스토아 철학을 처음 접한 것은 2015년 무렵이다. 당시는 할머니가 돌아가시고 연인과 헤어지고 본격적인 작가의 길로 들어서고자 퇴사를 준비하던 시점이었다. 여러모로 힘들었던 시절, 스토아 철학은 나의 회복탄력성을 유지하는 데 많은 도움이 되었고, 그 이후로 지금까지 스토아 철학을 공부하고 있다. 대략적으로 (그리고 일반적으로) 철학은 인생을 살아가는 방식을 기준으로 크게 두 부류로 나눌 수 있다.

하나는 쾌락만을 추구하는 철학으로, 쾌락주의와 에피쿠로스 학파가 대표적이다. 다른 하나는 의무를 행함으로써 쾌락을 추구하는 철학으로, 스토아 철학과 불교의 선禪 사상이 이에 해당되며, 이들은 '자기 신뢰self-reliance'를 권장한다.

오늘날의 세상을 지배하는 철학은 쾌락만을 추구하는 철학이다. 사회는 쾌락과 소비와 도피를 중심으로 돌아가며, 대다수가 그저 인생을 편안하게 살기만을 원한다. 편안한 삶을 추구하는 것이 잘못은 아니지만 쾌락주의가 지나치면 인생이 쾌락의 쳇바퀴 속으로 빨려 들어가 벗어나기 힘들 수 있다. 모두가 이미 알고 있는 사실이다.

우리는 소셜미디어가 자신을 무가치한 존재라고 느끼게 하고 우울감에 빠뜨린다는 사실을 알고 있다. 행복으로 가는 길을 돈으로 살 수 없다는 사실 또한 알고 있다. 쾌락을 추구하는 것이 우리를 욕망의 노예로 만든다는 것도 알고 있다. 그럼에도 불구하고, 우리는 매일 이러한 함정에 빠진다.

내가 가장 좋아하는 스토아 철학자는 루키우스 안나이우스 세네카다. 세네카는 고대 로마 철학을 대표하는 철학자이자 정치가이며, 네로 황제의 스승으로도 유명하다. 세네카가 남긴 저작을 보면 그가 얼마나 실리적인 사람이었는지 알 수 있다. 생애 말년, 공직에서 물러난 세네카는 로마를 떠나 여행을 다니며 친구인 루킬리우스에게 편지를 보내기 시작했다. 쾌락주의 성향이 강하고 바쁜 삶을 살았던 루킬리우스와 스토아 철학을 공유하기 위해서였다. 이탈리아 남부의 한적한 시골 마을에서 세네카는 루킬리우스에게 124통의 편지를 썼다. 나는 세네카가 쓴 편지에 푹 빠져버렸다. 그의 편지글을 읽다 보면, 세네카가 스토아 철학을 따라 평온한 삶을 추구했으며, 루킬리우스에게도 자신이 통제할 수 있는 일에 집중하라고 설득했다는 사실을 알 수 있다.

세네카의 편지는 올바른 일을 하는 데 집중하며 인생을 살아가야 한다는 사실을 되새겨준다. 그는 다른 사람이 아닌 자신의 뜻을 따라 사는 것이 행복한 인생의 비결이라고 믿었다. 세네카는 편지에 이렇게 썼다.

"그저 습관적으로 해왔던 것이 아니라 가장 좋은 것이 무엇인지 그리고 그 선택이 우리에게 지속적인 행복을 가져다줄 수 있는지 스스로에게 질문을 던져야 한다."

내가 세네카의 편지를 좋아하는 이유는 그 내용이 21세기를 살아가는 우리에게도 충분히 적용 가능하기 때문이다. 세네카는 루킬리우스에게 분주했던 로마에서의 삶에서 벗어나 외부에서 바라보는 것은 어떠한지 알려주려 했다. 때로는 현재의 상황이나 고민으로부터 잠시 벗어나는 것만으로도 충분할 때가 있다. 나는 세네카의 편지에서 영감을 받아 2020년부터 매주 '스토아 철학자의 편지'라는 제목으로 글을 쓰기 시작했다.

현재의 상황이나 고민으로부터 잠시 벗어난다는 것이 현실과 동떨어져 살거나 도피하라는 의미는 아니다. 균형을 잡아야 한다는 뜻이다. 우리는 이미 벌어진 상황에 반응하는 삶이 아니라 아직 벌어지지 않은 상황에 대처하는 삶을 살아야 한다. 이 부분을 명확히 하고자 이 책을 내면 세계에 관한 글과 외부 세계에 관한 글로 나누었다.

· 내면 세계 - 자신의 마음을 다스리는 것과 관련된 모든 것.
· 외부 세계 - 스스로 운명의 주인이 되는 것과 관련된 모든 것.

우리는 스스로 운명의 주인이 되어야 한다. 하지만 그러려면 내면을 먼저 다스릴 줄 알아야 한다. 내면을 다스리지 못하면 좌절을 경험할 때마다 포기하게 될 것이다. 잘 산다는 것은 내면의 평화와 성공적인 경력 및 인생 사이에 균형을 이루는 것이다. 이 두 가지가 충돌할 때 우리는 인생에 관한 깊은 깨달음을 얻을 수 있다. 이 책은 잘 살아보고자 노력하는 사람이라면 한 번쯤 고민해봤을 법한 주제들을 다루었다. 그런 고민을 하고 있다는 것은 인생에서 정신적으로 힘든 시기를 지나고 있다는 뜻이기도 하다. 우리가 그런 고민을 하는 와중에도 이 세상은 끊임없이 변하고 있다.

오늘날 세계는 혼란과 불안, 양극화와 갈등으로 인생에 집중하고 평온함을 유지하기가 훨씬 더 어려워졌다. 이건 주장이 아니라 사실이다. 내가 이 글을 쓰게 된 계기이기도 하다. 부디 독자 여러분이 인생의 우선순위에 집중하는 데 나의 글이 조금이나마 도움이 되기를 바라는 마음이다. 다른 사람이 아니라 자신이 진정으로 중요하게 생각하는 일에 집중할 수 있길 바란다. 책은 어떻게 읽어도 상관없다. 처음부터 끝까지 차례차례 읽어도 좋고, 읽고 싶은 주제만 골라서 읽어도 좋다.

    그럼 이 책과 함께하는 모든 순간이 즐거운 시간이 되기를 바란다!

다리우스 포루

차례

서문 5

I. 내면 세계

감정을 조절하는 법

통제할 수 있는 것에 집중하라 18
부정적인 분위기에 흔들리지 말라 24
인생이 막막하거든 배움을 추구하라 29
불안에 지배당하지 말고, 마음의 평화를 지켜라 34
어리석은 기대를 버려라 38
두려움을 버려라 42
자신에게 관대하라 47

생각을 다스리는 법

주변 환경이 아니라 마음가짐을 바꾸라 52
마음이 무엇을 향하는지 관찰하라 57
자신의 의견에 귀 기울여라 62
몰두할 수 있는 일을 찾아라 66
한 가지 일에 집중하라 71
건강한 마음을 추구하라 77

자신을 더 잘 이해하는 법

내면의 힘을 믿어라 82
나만의 인생 이야기를 써내려가라 87
소유물이 당신의 가치를 말해주지는 않는다 91
언제 어디서나 자신의 가치관을 지켜라 96

더 나은 의사결정을 내리는 법

자기 일은 자기가 결정하라 102
계획에 집착하지 말라 106
현실을 기꺼이 받아들여라 112
최악을 대비하라 116

풍성한 인생을 사는 법

현재에 충실하라 122
행복을 위해 지혜를 추구하라 126
하기 싫어도 해야 하는 일에 최선을 다하라 130
무소유를 즐겨라 136
지금 이 순간을 만끽하라 141

더 나은 내가 되는 법

적당한 노력이 더 오래 간다 146
이미 가진 것을 활용하라 150
실수에서 교훈을 찾아라 154
혼잣말도 긍정적으로 하라 158
배운 것은 행동으로 옮겨라 162
날마다 조금씩 강인해져라 166
남 탓도 말고 자책도 말라 169
나의 성공을 달가워하지 않는 사람들은 무시하라 174
지나친 편안함을 경계하라 178

II. 외부 세계

세상에서 성공하는 법

대가를 치르더라도 옳다고 믿는 가치를 따르라 186
나를 억누르는 정신적 속박에서 벗어나라 191
성공에 눈이 멀어 일상의 기쁨을 놓치지 말라 194
목표보다는 과정에 집중하라 199
다른 사람의 성공을 기뻐하라 203

부자가 되는 법

돈을 벌기 위해 타협하지 말라 208
돈을 쫓더라도 인격은 사수하라 213
'평범한' 삶에 감사하라 218
가끔 돈 없이 지내는 훈련을 하라 222
말보다는 행동으로 보여주어라 225

경력을 관리하는 법

즐겁게 일하고 틈틈이 휴식하라 230
워런 버핏이 최고의 투자자가 될 수 있었던 이유 234
타인의 인정보다 중요한 것 239
추측하지 말고 정확하게 말하라 244
더 적게 하면 더 잘할 수 있다 249
시작한 것은 끝내라 253
오늘 행동하면 내일이 바뀐다 257

인간관계를 관리하는 법

남에게 관심을 끄고 나에게만 집중하라 262
남에 대한 판단을 멈추고 자신을 돌아보라 266
진정한 우정을 맺어라 271

아등바등 살지 말라 276
남들이 뭐라고 생각하든 신경 쓰지 말라 280
기쁨을 나눠라 286

고난과 역경에 대처하는 법

인생의 위기에 대비하라 292
감사하는 연습을 하라 296
인생의 오르막과 내리막을 즐겨라 300
악순환의 고리를 끊어내라 304
올바른 일이라면 멈추지 말고 나아가라 308
더 나은 내가 되는 것에 집중하라 313
자신을 가장 친한 친구처럼 대하라 316
몸의 한계를 받아들여라 321

감사의 글 326

모든 행복은 내면에서 시작된다. 마음이 불행한데 외부에서 행복을 찾을 수는 없다. 그러나 이 혼란한 세상에서 행복하고 평온한 마음을 유지하기란 여간 어려운 일이 아니다. 가까스로 정신적 균형을 찾고 안정감을 누리기가 무섭게 우리를 송두리째 뒤흔드는 일이 발생하곤 한다.

스토아 철학에는 우리에게 불행하거나 슬픈 일이 일어나도 마음을 지킬 수 있는 지혜가 담겨 있다. 그 지혜를 삶에 적용하면 정신적으로 더욱 강해질 것이며, 마음은 저절로 평온해질 것이다. 강한 정신이 곧 평온한 마음이다.

I.
내면 세계

감정을 조절하는 법

"우리를 꼭두각시처럼 조종하는 육체적인 욕망보다 훨씬 더 강하고 신성한 힘이 우리 안에 있음을 기억하라."

– 마르쿠스 아우렐리우스

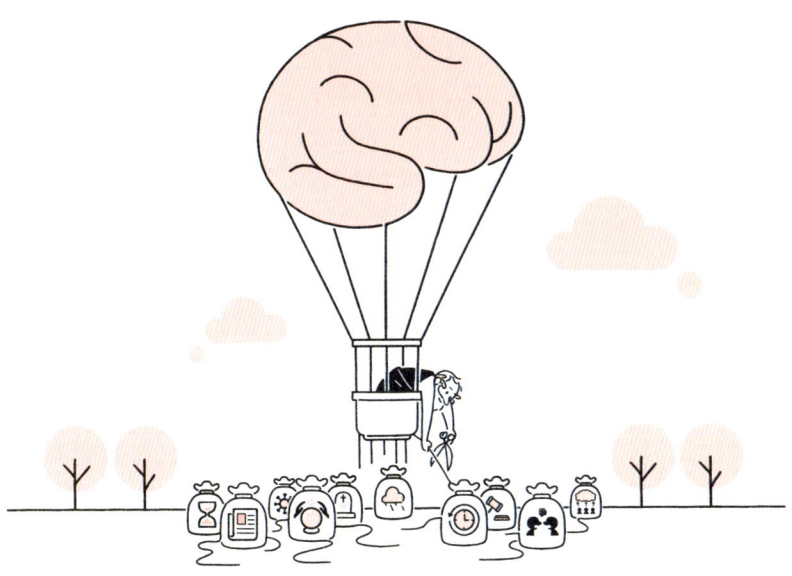

통제할 수 있는 것에 집중하라

통제할 수 있는 것에 집중하는 것은 매우 중요한 일이다. 인생이 힘들 때 사람들이 많이 하는 이야기다. 이는 좋은 현상이다. 누구나 한 번쯤 되새길 필요가 있는 말이기 때문이다. 오늘날은 너무나 많은 정보가 난무하는 시대다. 그래서 마땅히 되새길 필요가 있는 말도 금세 파묻혀 버리고 만다. 비트코인에 관한 기사를 읽다 보면 어느새 30분이 훌쩍 지나 있고, 처음에 읽기 시작했던 기사와는 아무런 관련도 없는 위키피디아 페이지를 읽고 있다. 동영상 하나로 시작했다가 홀린 듯 아무런 관련도 없는 정보의 바다에 빠지고 마는 일은 흔히 일어난다.

세상에 존재하는 모든 것에 대해 가능한 많이 알 수 있다면 좋겠지만, 수많은 정보를 하나도 빠짐없이 활용할 수 있는 사람은 없을 것이다. 따라서 주어진 것을 모두 받아들이려는 식의 지식 추구는 시간 낭비나 다름없다. 스마트폰을 붙잡고 흘려보낸 시간은 두 번 다시 되돌릴 수 없다. 우리는 시간을 좀 더 신중하게 사용해야 한다. 사실 대부분의 사람들은 그래야 한다는 것을 알고 있다. 다만 그렇게 살지 않을 뿐이다. 우리는 시간을 아무렇지도 않게 낭비하곤 한다.

시간이야말로 가장 소중한 자원이다.

우리는 온통 나쁜 소식뿐인 기사를 읽고, 헤어진 연인의 소셜 미디어를 염탐하고, 별로 관심도 없는 TV 프로그램을 시청하면서 '시간을 죽인다.' 우리는 도대체 왜 이 귀중한 시간을 하릴없이 죽이며 살아가는 것일까? 우리가 화를 내야 할 것은 바로 이것이다. X(구 트위터)나 인스타그램 같은 곳에서 일면식도 없는 사람이 보낸 시답잖은 쪽지에 화를 내기보다 스스로가 시간을 귀중하게 여기고 있지 않다는 사실에 화를 내야 한다. 도대체 왜 다른 사람 말에 너무나도 쉽게 자극받고, 일상에서 마주치는 사소한 일에 일일이 반응하는 걸까? 다른 사람의 말이나 행동은 우리가 통제할 수 있는 영역이 아닌데도 말이다.

살면서 일어나는 일 중 대부분은 통제할 수 없다. 이 사실을 받아들이지 않으면 불행할 뿐이다. 내가 어찌할 수 없는 일을 걱정하는 것도 일종의 습관이다.

나라 안팎으로 걱정스러운 문제는 항상 존재한다. 그러나 개인이 경기 침체, 전쟁, 자연재해, 시위, 사회문제 등을 통제할 수는 없다. 그러므로 통제할 수 없지만 우리의 행복에 영향을 미치는 일에 동요하지 않도록 미리 연습을 해두어야 한다.

우리를 실질적으로 행복하게 만들어주는 일을 떠올려보라. 좋은 친구, 좋아하는 일, 감명 깊게 읽은 책, 자연과 함께하는 산책이나 운동, 재미있는 영화 등 곧바로 떠오르는 것이 있을 것이다. 예를 들어, 나는 지난주 토요일에 책도 읽고 글도 쓰다가 가족들과 브런치를 먹은 후 다 함께 산책을 하러 나갔다. 집으로 돌아와 또다시 글을 쓰고 책을 읽다가 저녁을 먹고 영화 한 편을 보았다. 행복한 하루였다.

그날과는 완전히 대조적인 하루도 있었다. 친구와 코로나19에 관한 이야기를 나누다가 그만 흥분하고 만 것이다. "전 세계가 3주 동안 봉쇄 조치를 철저히 시행하기만 했다면 끝날 문제였는데, 왜 그렇게 문제를 키웠는지 모르겠어!" 물론 그런 일은 일어나지 않았고 앞으로도 일어나지 않을 것이다. 괜히 나 혼자 열을 내며 그 부정적인 에너지를 하루 종일 품고 다녔을 뿐이다. 나는 그날 만들어낸 부정적인 에너지에 사로잡혀 생산적인 일은 하나도 하지 못하고 쓸데없는 정보만 더 소비했다.

　우리가 바꿀 수 없는 현실은 그냥 있는 그대로 받아들이면 된다. 1만 년 전에도 그랬고 1만 년 후에도 그럴 것이다. 그 이후에는? 아무도 알 수 없다. 심지어 일론 머스크조차 미래를 알 수는 없을 것이다. 그리고 우리가 1만 년 뒤의 일까지 걱정해야 할까? 내가 어떻게 할 수 없는 상황에 열을 올려 봤자 에너지만 낭비할 뿐 누구에게도 도움이 되지 않는다. 우리가 할 수 있는 최선은 지금 당장 할 수 있는 일을 하고, 자신의 삶을 개선하는 것이다.

　나부터 시작하라. 매일 잠자리에 들기 전까지 정신적으로나 육체적으로나 조금 더 강한 내가 될 수 있도록 노력하라. 배우자, 자녀, 부모, 형제자매, 친구들을 도와주며 긍정적인 영향력을 넓혀가라. 모든 변화는 순차적으로 이루어진다.

자기 자신부터 시작해서 차근차근 범위를 넓혀가보자. 이러다가 전 세계 사람들에게까지 신경 써야 하는 것은 아닌지 걱정할 필요 없다. 범위가 그 정도로 확대될 만큼 인간의 수명은 길지 않기 때문이다. 나 자신과 내가 소중하게 여기는 사람들이 더 나은 삶을 살 수 있다면 그것만으로도 충분히 좋은 일이며, 그것만으로도 충분히 힘든 일이다.

통제할 수 없는 일에 시간을 낭비하느라 인생을 힘들게 만들지 말라. 내가 통제할 수 있는 일과 통제할 수 없는 일을 구분하라! 이것이 바로 행복한 인생을 사는 스토아 철학의 비법이다.

인생에서 행복을 최우선 가치로 두면 그 밖에 다른 것은 상대적으로 덜 중요할 수밖에 없다.

내가 어찌할 수 없는 일을
걱정하는 것도 일종의 습관이다.

부정적인 분위기에 흔들리지 말라

우리가 얼마나 자주 그리고 너무나도 쉽게 다른 사람의 기운에 흔들리는지 생각해보면 놀랄 것이다. 설레는 마음으로 기분 좋게 아침을 맞이했다. 커피를 내리는데 콧노래가 절로 나온다. 아침밥을 든든히 챙겨 먹고 발걸음도 가볍게 출근해서 활기찬 하루를 보낸 후 저녁에 친구를 만난다. 그런데 친구에게서 우울한 기운이 감돈다. 평소와 다르게 어깨는 축 처져 있고, 목소리도 어둡다.

그러자 갑자기 내 기분도 변한다. 하루 종일 좋았던 기분이 한순간에 가라앉는다. "오늘 하루 어땠어?"라고 묻는 친구에게 "그냥 그랬지, 뭐"라고 대답한다. 사실 "오늘은 정말이지 기분 좋은 하루였어!"라고 외치고 싶지만 친구의 표정을 보며 애써 삼킨다.

누구나 흔하게 겪는 일이다. 인간은 다른 사람이 보내는 신호에 민감하다. 반대의 경우도 마찬가지다. 상대방도 내 기분에 영향을 받을 수 있다. 그러나 부정적인 기운일수록 강력하기 때문에, 서로 다른 기분이 충돌할 때는 보통 부정적인 기분이 승리하는 경우가 많다. 그럼 이러한 상황에서는 어떻게 해야 할까?

무슨 수를 써서라도 부정적인 상황을 피하려는 사람들이 있다. 이들은 언제나 상황이 긍정적으로 흘러가기만을 바란다. 그러나 이는 현실과는 동떨어진 바람이다. 마치 "건강해지고 싶지만 운동은 하고 싶지 않아"라고 말하는 것이나 마찬가지다. 스토아 철학은 부정적인 기운에 휩싸인 사람을 대할 때 공감하고 위로해주되 같이 휩쓸리지 않도록 조심해야 한다고 말한다. 타인의 고통에 공감하는 것보다 자신의 정신 건강을 지키는 것이 훨씬 더 중요하다. 하지만 그렇다고 타인에게 냉담하거나 무관심하라는 이야기는 아니다.

에픽테토스는 이렇게 말했다.

"자녀를 잃거나 재산을 잃고 슬퍼하며 눈물을 흘리는 사람을 보더라도 그들에게 나쁜 일이 생겼다고 섣불리 판단하지 말라. 그들의 마음을 아프게 하는 것은 사건 자체가 아니라 그 상황을 받아들이는 그들의 생각이다. 그들의 슬픔을 동정하지 말라. 공감을 표하고 위로를 건네며 불행을 함께 나누라. 하지만 당신까지 슬픔에 동화되지 않도록 주의하라."

　곁에서 위로하고 공감해줄 수는 있다. 하지만 무엇이 옳고 그른지를 잊어서는 안 된다. 상실감으로 슬퍼할 수는 있지만 스토아 철학에 있어 그것이 올바른 반응은 아니다. 많은 이들이 스스로 통제할 수 있는 것과 없는 것을 구분하지 못한다. 그러나 우리가 해야 할 일은 우리가 믿는 가치를 남에게 설파하는 것이 아니라, 마음속에서부터 실행하는 것임을 잊지 말아야 한다.

그렇지 않으면 자칫 상대방의 감정을 하찮게 여기거나 무시할 위험이 있다. 이런 태도는 올바르지 않다. 절대로 다른 사람의 고통을 대수롭지 않게 여겨 "그게 무슨 대수야? 감정은 감정일 뿐이야!"라고 말해서는 안 된다. 우리는 다른 사람의 감정을 존중해야 한다. 상대방이 느끼는 고통이 실제가 아닌 감정에 불과하더라도 다른 사람의 감정까지 이래라저래라 관여할 필요 없다. 그 누구도 다른 사람을 완전히 이해할 수 없기 때문이다.

세상을 보는 관점을 바꾸겠다는 결심은 마음속에서부터 일어나야 한다.

다른 사람이 감정적으로 어려움을 겪고 있을 때 해결책을 제안하고 싶은 충동을 느낄 수도 있다. 특히나 작은 마음가짐의 변화로 인생이 달라지는 것을 경험했던 사람이라면 더더욱 그렇다. 물론 다른 사람도 같은 경험을 하기를 바라는 마음은 선한 것이다. 하지만 자칫하면 다른 사람을 조종하려 들거나 얕잡아 보는 것처럼 비칠 수 있다.

스토아 철학은 자신뿐만 아니라 모든 사람이 내면에 동일한 힘을 가지고 있다고 믿는다. 따라서 내가 남보다 더 낫다고 생각하지 않아야 한다.

누구나 자신만의 개성을 가지고 있는 말을 많이 들어보았을 것이다. 다른 사람을 있는 그대로 받아들이라는 말이다. 이것은 곧 내 기분을 보호하는 방법이기도 하다. 다른 사람이 느끼는 감정까지 내가 책임질 필요는 없다. 자신에게 온전히 집중함으로써 자신에게서 이끌어낼 수 있는 최선의 모습으로 살아가고자 노력하라. 그러다가 혹시 누군가 도움을 청하거든 그때 도와주면 된다.

인생이 막막하거든 배움을 추구하라

누구나 하루를 살아갈 의욕이나 기운을 상실할 때가 있다. 그럴 때마다 내가 늘 하는 일이 있다. 바로 무언가를 배우는 것이다. 얼마 전에도 별다른 이유 없이 그냥 아무것도 하고 싶지 않았다. 살다 보면 왠지 모르지만 아무 일에도 의욕이 나지 않는 그런 날들이 있다. 평소 같았으면 아침에 일어나 설레는 마음으로 일을 하거나 운동을 했을 텐데, 아무것도 하고 싶지 않았다. 딱히 안 좋은 일이 있었던 것도 아니고 컨디션도 나쁘지 않았다. 그냥 아무런 의욕이 없었다.

    인생에서 이런 시기는 누구에게나 한 번쯤 찾아오기 마련이다. 그런데 문제는 많은 사람이 이 상태에 갇혀 헤어나지 못한다는 데 있다. '의욕 상실' 상태로 살아가고 싶은 사람은 없을 것이다. 그렇다면 삶의 의욕을 되찾기 위해서는 어떻게 해야 할까?

삶의 목적이나 방향이나 의욕을 잃었을 때, 평소 관심 있던 주제의 책을 한 권 집어 들어라.

평소에 호기심을 가지고 좀 더 알고 싶었던 주제라면 무엇이든 상관없다. 글쓰기에 관련된 책이어도 좋고, 주식 투자에 관한 책이어도 좋다. 꼭 책이 아니더라도 괜찮다. 인터넷 검색도 상관없다.

사람들은 종종 거창한 목표가 있어야만 가치 있는 삶이라고 생각하며, 크고 특별한 목표 없이 사는 인생은 쓸모없다고 치부한다. 그러나 그렇지 않다. 만약 특별한 목표가 없다면 지식을 추

구하는 것을 인생의 목표로 삼으면 된다. 세네카는 인생의 목표에 대해 이렇게 이야기했다.

"그러므로 나는 무의미한 일에 시간을 허비하는 사람들을 비판하며, 가치 있는 목표를 세우고 노력하는 사람들을 존경한다. 특히 끊임없는 노력으로 스스로를 극복하고 주변의 유혹에 흔들리지 않는 사람에게 더 큰 존경의 마음을 담아 이런 응원을 보내고 싶다. '잘하고 있습니다. 벌떡 일어나 숨을 한 번 깊이 들이쉬고, 할 수 있다면 단번에 눈앞에 놓인 오르막길을 정복하시오.'"

고귀한 정신을 길러내는 것은 노력이다.

> 배움을 향한 노력은 정신을 풍요롭게 만든다. 그 지식을 당장 활용할 일이 없더라도 언젠가는 필요한 순간이 오며, 배움은 그 자체로 인생의 활력소가 된다.

배운 지식을 실제 삶에 적용하는 것도 매우 중요하지만, 언제 사용하게 될지는 알 수 없는 노릇이다. 가령 나는 언젠가 필요할 때를 대비해 평소에 투자 관련 서적을 많이 읽어둔다. 지금 당장은 아니더라도 언젠가는 도움이 되는 순간이 올 것이다. 그리고 그 순간이 오면 지식이 있느냐 없느냐가 내 인생의 방향을 좌우할 수 있다. 평소에 배움을 게을리하면 필요한 순간에 적용할 지혜도 없을 것이기 때문이다. 예를 들어, 투자의 경우 평소 금융과 주식 시장에 대한 지식을 쌓아두면 상황을 더 잘 이해하는 데 도움이 된다.

배움은 삶을 살아가는 데 큰 도움이 되며, 그 자체만으로 삶의 의욕을 북돋아주고 인생을 변화시킬 수 있다. 세네카는 이렇게 말했다.

"무엇이 선인가? 인생에 대한 지식이다. 무엇이 악인가? 인생에 대한 무지다."

인생에 대한 지식을 얻으려면 책이나 같은 길을 걷는 사람들과의 대화를 통해 지혜를 추구하라.

끊임없이 배움을 추구하다 보면 의욕이 떨어지는 날이 오래가는 일은 없을 것이다. 좋아하는 책을 집어 드는 순간, 기대감과 경외감이 당신을 앞으로 나아가게 하는 원동력이 되어줄 것이다. 기억하라. 인생이 막막할 때는 배움을 추구하라.

인생이 막막할 때는 배움을 추구하라.
고귀한 정신을 만드는 것은 노력이다.

불안에 지배당하지 말고, 마음의 평화를 지켜라

세상에 불안해할 이유는 많다. 지금뿐만 아니라 역사상 어느 때나 그랬다. 불안은 인간의 조건이며, 인간은 연약한 존재다. 가령 지금 밖에 나가 산책을 하다가 바나나 껍질에 미끄러져서 머리를 부딪치기라도 하면 그 길로 끝이 날 수도 있는 게 인생이다. 우리에게 일어날 수 있는 나쁜 일은 수백만 가지다. 에픽테토스는 이렇게 말했다. "발전하고 싶다면, 불안해하지 말라."

항상 불안하다면 행복하고 평화로운 삶을 살기 어려울 것이다. 그러나 약간의 불안은 삶의 정상적인 부분이라는 사실을 받아들이면 도움이 된다. 불안감도 배고픔과 다르지 않다. 오랫동안 음식을 먹지 않으면 몸이 신호를 보낸다. "나 배고파. 먹을 것 좀 줘. 지금 당장!" 이때 음식을 먹으면 몸은 더 이상 신호를 보내지 않는다. 이렇듯 몸이 보내는 신호는 유용하다.

마음도 같은 방식으로 작동한다. 몸이 보내는 신호처럼 항상 유용한 것은 아니지만 말이다. 마음은 싫어하는 것을 발견하면, "이거 싫어! 얼른 해결해!"라고 말한다. 나는 다른 사람들이 나를 좋아할까 싫어할까 걱정하며 불안해하곤 했다. 공감하는 사람이 있을지 모르겠다. '이 사람이 나를 싫어하면 어쩌지? 왜 한 시간이 지났는데 내 이메일에 답장을 안 하지? 마지막으로 얘기했을 때 내가 너무 서둘렀나?' 대부분은 기우로 끝나버린 생각이었지만, 실제로 나를 싫어한다고 해도 어쩌겠는가? 모든 사람이 나를 좋아하게 만들 수는 없다. 나 스스로 떳떳하다면, 다른 사람들이 나를 어떻게 생각하는지 신경 쓸 필요 없다. 그건 내 문제가 아니다.

불안에 시달리는 사람들이 흔히 걱정하는 경제와 미래에 대해 이야기해보자. 만약 직업을 잃는다면? 새로운 바이러스가 출몰한다면? 사람들이 더 이상 우리 제품을 사지 않는다면? 세상에는 걱정할 일이 너무 많다. 이런 일들에 불안해하지 않도록 자신을 훈련해보는 것은 어떨까? 핵심은 감정이나 상황에서 한 걸음 떨어져 차분하게 객관적으로 바라보는 것이다. 작은 것부터 시작해보자. 가령 비트코인에 투자했는데 다음 날 코인 가격이 10퍼센트 하락했다고 가정해보자. 충분히 일어날 수 있는 일이다. 이때 자신에게 이렇게 말해보자.

"나는 위험을 감수했고, 10퍼센트의 손실 정도는 기꺼이 감수할 수 있어. 다시 오를 수도 있고 이대로 영영 손실을 입은 채로 끝날 수도 있지만 어느 쪽이든 상관없이 마음의 평화를 유지할 거야. 인생에는 더 중요한 일이 많으니까."

불안은 항상 두려움과 관련되어 있다. 우리는 현실이 기대와 다를까 봐 두려워한다. 그러나 현실이 기대와 일치하지 않더라도 불안해하지 않을 수 있다.

에픽테토스는 "일이 원하는 대로 풀리지 않을 수 있다. 불안해하지 않겠다고 마음먹었다면 기대한 대로 이루어지지 않더라도 불안해하지 말라. 당신이 잃어버린 것은 마음의 평화를 얻기 위해 지불한 대가일 뿐이다"라고 말했다.

사람들이 나를 좋아해주길 바라고 기대하지만 그렇지 않더라도 받아들이고 넘어가라. 호감을 얻지 못하더라도 그냥 한번 감수해보자. 그게 뭐 그리 대수인가? 남들이 나를 어떻게 생각하느냐보다는 내 마음의 평화가 우선이다. 불안이 나를 지배하도록 내버려두지 말라.

물론 하루아침에 모든 불안을 몰아낼 수는 없다. 인내심을 가지고 천천히 마음가짐을 바꿔 나가라. 쉬운 일은 아니다. 나 역시 미래에 대한 불안을 극복하기까지는 수년이 걸렸으며, 불안의 잔재는 여전히 남아 있다. 솔직히 말해 불안이 완전히 사라지지

는 않을 것이다. 불안은 인간의 본성이기 때문이다. 그러나 불안에 지배당하지 않도록 자신을 훈련할 수는 있다.

어느 순간, 인생을 있는 그대로 받아들이게 될 것이다.

나를 좋아하는 사람이 있는가 하면, 나를 싫어하는 사람도 있다. 사라지는 직업이 있는가 하면, 새로이 생겨나는 직업도 있듯이 영원한 것은 아무것도 없다. 게다가 우리도 언젠가는 죽어서 사라질 존재가 아니던가! 결국 이 모든 이야기의 결론은 하나로 귀결된다.

이 세상에 마음의 평화를 포기할 만큼 가치 있는 것은 아무것도 없다.

어리석은 기대를 버려라

 우리는 종종 원하는 것을 얻으려고 혹은 원치 않는 것을 피하려고 열심히 노력한다. 좋은 직장, 신나는 경험, 웃음, 고급 레스토랑, 새 옷이나 전자 제품, 자동차, 소셜미디어에 올릴 재미난 밈 등 즐거운 일을 원하고 바란다. 이런 것들이 재미있다는 사실을 부정할 사람은 없을 것이다. 반면, 질병이나 실직, 슬픔, 고통, 고난, 힘든 일, 지루함 등 부정적인 느낌을 주는 일은 어떻게든 피하려고 애쓴다.

 모든 일이 우리 뜻대로만 흘러간다면 인생은 축제나 다름없을 것이다! 잔혹하기로 악명 높았던 네로 황제 시대에 노예로 태어나 황제가 사망한 이후에 마침내 자유의 몸이 된 에픽테토스는 우리가 평소에 품는 기대가 얼마나 어리석은지에 대해 자주 이야기하곤 했다.

"자녀나 배우자나 친구들이 영원히 살 것이라는 기대는 어리석다. 이는 우리 권한 밖의 일이다. 마찬가지로 모든 사람이 정직할 것이라는 기대 또한 순진하기 이를 데 없다. 정직하게 행동하는 것은 그 사람의 마음에 달린 일이며, 우리가 관여할 수 있는 일이 아니기 때문이다. 어떤 일이 일어나고 말고는 우리의 기대와는 상관없는 경우가 많다. 내가 어떻게 할 수 없는 일은 바라지도 말고 피하지도 않아야 실망에서 자유로울 수 있다."

머리를 한 대 얻어맞은 듯한 기분이 들지 않는가? 에픽테토스는 있는 그대로 말하기로 유명한 스토아 철학자였다. 또한 그렇기에 그의 말은 귀 기울여 들을 만하고 신뢰를 준다. 에픽테토스가 말하는 실망을 피하는 방법은 전적으로 옳다. 예를 들어, 글을 쓰는 내 입장에서 보자면 책을 출간하는 과정에는 통제할 수 없는 요소가 많다. 원하는 것을 얻지 못하고 실망할 가능성이 높다는 이야기이기도 하다. 실제로 나는 쓰고 싶은 책에 대한 제안서를 작성하고, 출판사에 보내 의견을 수렴하고 계약하기까지 거의 1년이라는 시간이 걸렸다. 이 과정에서 일이 뜻대로 풀리지 않을 때도 많았다. 여러 출판사에 제안서를 보낸 만큼 거절도 많이 당했다.

에픽테토스가 말했듯이, 실망에 빠지지 않는 가장 좋은 방법은 내가 통제할 수 있는 것에 집중하는 것이다.

나는 내 책이 잘될 것이라는 긍정적인 믿음을 유지하는 것에 집중했다. 이러한 긍정적인 마음가짐은 제안서에 관심을 보인 출판사와 생산적인 대화를 나누는 데 도움이 되었다. 다른 사람이 통제권을 쥐고 있는 일에 연연하지 말라는 에픽테토스의 조언에 따라 나는 출판사가 제안서를 수락하든 안 하든, 계약이 성사되든 안 되든, 계약금이 얼마가 되든 연연하지 않았다. 출판사의 계약 조건이 마음에 들지 않더라도 괜찮았다. 어떤 결과가 나와도 피하지 않기로 마음먹었기 때문이다. 덕분에 어떤 상황에서든 흔들리지 않고 차분하고 이성적인 태도를 유지할 수 있었고, 마침내 내 책을 출간할 출판사를 찾을 수 있었다.

내가 원하는 일을 일어나게 할 능력이 있으리라 기대하는 것은 어리석은 일이다. 그렇다고 해서 어떤 일로 생겨난 감정까지 무시하거나 배제해야 한다는 뜻은 아니다. 누구든지 언젠가는 죽는다는 사실을 머리로는 알지만 사랑하는 사람이 세상을 떠나면 슬픈 것은 당연하다. 스토아 철학의 핵심은 어떤 상황에서든 감정을 억누르거나 배제하라는 것이 아니다. 단지 인생을 살아가면서 겪게 될 여러 가지 일을 미리 생각하고 준비하며 행동을 다스리라는 것이다.

가령 부모님이 영원히 우리 곁에 계실 수 없다는 사실을 평소에 되새기면, 나와 다른 의견을 가진 부모님과 다툴 일이 줄어들 것이다. 이렇게 생각하면서 말이다. '누구에게나 짧은 인생, 굳이 화를 낼 필요가 있을까.'

> 스토아 철학은 지금 우리가 하는 행동이 장기적으로 어떤 영향을 미칠지 생각하게 만든다. 나중에 후회할 일을 하는 것은 스스로 혼란스럽게 할 뿐이다.

스토아 철학의 가르침을 따르면 후회를 피할 수 있다. 그리고 그 결과, 우리는 내면의 평화를 얻을 수 있다.

두려움을 버려라

세네카는 친구 루킬리우스에게 보낸 편지에서 두려움에 대해 이야기했다. "희망을 버려라. 그러면 두려움도 사라질 것이다."

이렇게 생각하는 사람들도 있을 것이다. '희망은 우리를 앞으로 나아가게 하는 원동력인데?', '희망을 버리라는 것은 허무주의에 빠진 생각이 아닐까?' 솔직히 말해서 나 역시 희망을 완전히 버리지는 못했다. 달라이 라마도 "나는 가장 어두운 나날 가운데서도 희망을 찾고, 가장 밝은 날에 집중한다"고 하지 않았던가. 희망은 언제 어디서나 인기 있는 주제다.

사람들이 이야기하는 희망을 들여다보면, 그 안에서 우리의 현실을 발견할 수 있다. 내일이 더 나아질 것이라는 믿음과 낙관적인 태도는 좋은 것이다. 그러나 내일이 더 나아지지 않을 때는 어떻게 해야 할까? 희망하는 일이 결코 이루어지지 않을 때는 또 어떻게 해야 할까?

우리는 수많은 희망을 품고 살아간다.

"코로나 같은 전염병이 완전히 사라진 세상에 살고 싶어."

"어디론가 긴 휴가를 떠나고 싶어."

"그녀가 나를 좋아했으면 좋겠다."

"(그 직장에) 취직하면 좋겠다."

현실을 직시하자. 우리가 바라는 일은 대부분 실현되지 않는다. 바로 이것이 세네카가 말한 희망이다. 세네카는 이어서 이렇게 말한다. "두려움과 희망은 공존하며, 모두 긴장과 미래에 대한 불안에서 비롯된다. 우리는 미래에 바라는 것을 현실에 투영하곤 한다."

결국 희망과 두려움은 어떤 것을 바란다는 점에서 같다고 할 수 있다. 희망은 어떤 일이 일어나기를 바라는 것이고, 두려움은 어떤 일이 일어나지 않기를 바라는 마음이다. 옛날 사람들이 느끼는 가장 원시적인 형태의 두려움은 생존과 관련된 것으로 "호랑이가 나를 잡아먹지 않으면 좋겠다!"라는 희망으로 나타났다.

하지만 호랑이에게 잡아 먹힐 일이 거의 없는 오늘날에는 많은 이들이 "내가 바라지 않는 일이 일어나지 않았으면 좋겠다"라고 희망한다. "~했으면 좋겠다"라는 표현을 얼마나 자주 사용하는지 한번 생각해보자. 나도 이 표현을 꽤 자주 사용한다는 사실을 깨닫고 깜짝 놀랐다. 하지만 더 깊이 들여다보면 구체적으로 어떤 일이 일어났으면 좋겠다고 바라는 경우는 거의 없다. 누구나 더 나은 미래에 대한 믿음과 희망을 갖고 있지만 아주 추상적인 형태인 경우가 대부분이다.

두려움은 바라는 것을 얻지 못할 수도 있다는 생각에서 피어나며, 평화로운 삶을 방해한다.

앞으로의 일에 대해, 자신의 미래에 대해 너무 오래 생각하지 말라. 그저 잘될 것이라는 믿음을 가지고 현재를 살아가는 것만으로 충분하다. 어떤 일이 일어나기를 강력하게 바란다면, 먼저 자신이 왜 그런 마음을 가지게 되었는지 생각하고 말하는 방식을 바꿔보자. 말은 신념을 강화하므로 말하는 방식을 바꾸는 일은 중요하다.

"~했으면 좋겠다"라는 말을 입에 달고 살면, 바라는 것은 점점 더 늘어나고 일이 잘 풀리지 않으면 실망하게 된다. 《자신감 수업 Feel The Fear And Do It Anyway》의 저자 수전 제퍼스는 이런 말버릇을 고칠 수 있는 방법에 대해 구체적으로 이야기한다. 바로 무언가를 '바라지' 말고 '궁금해하라'는 것이다. 예를 들어, "이직할 수 있으면 좋겠어"라고 말하지 말고, "이직하면 어떨지 궁금해"라고 말하라.

사고방식의 전환은 생각보다 많은 것을 변화시킨다. 예측할

수 없다는 점에서 우리의 인생과 비슷하기 때문이다. 사람들은 간절히 바라면 언젠가는 이루어질 것이라고 생각하고, 무언가를 희망하며 삶을 통제할 수 있다고 착각한다. 그러나 한 가지 희망이 이루어지면 끊임없이 또 다른 희망을 좇으며 평생을 살아간다. 바쁘게 사는 것이 꿈이라면 더없이 좋은 삶의 방식이다.

    하지만 인생을 어디로 이어질지 알 수 없는 여정이라고 받아들이면 모든 일을 대하는 태도가 달라진다. "어떤 일이 펼쳐질지는 두고 보면 알겠지"라고 말하게 된다. 그리고 사실 스토아 철학에 따르면 무슨 일이 벌어져도 괜찮다. 그러니 인생 역시 괜찮을 것이다.

희망을 버려라.
그러면 두려움도 사라질 것이다.

자신에게 관대하라

간밤에 세탁기가 고장 났다. 나는 자주 입는 스웨터를 세탁해서 말려두고 잠자리에 들 생각이었다. 적어도 밤 10시에 세탁기를 돌리기 전까지만 해도 계획은 그랬다. 60분짜리 세탁 코스로 돌려놓은 뒤에 한 시간쯤 지나 빨래를 확인하러 갔더니 화면에 에러 코드가 떠 있었다. "안 돼!"라고 소리쳤지만 세탁기가 내 말을 알아들을 리 만무했다. 세탁기는 고장이 났고, 문을 열자 스웨터는 물에 흠뻑 젖어 있었다. 속에서 부아가 치밀어 올랐다.

일단 스웨터를 욕조로 가져가 물기를 짜는데 어찌나 무거운지 깜짝 놀랐다. '이거 은근히 운동 되네'라는 생각에 잠깐 기분이 좋아졌지만 아무리 짜도 끊임없이 나오는 물기에 다시 짜증이 치밀어 오르기 시작했다. "낮에는 멀쩡하더니, 왜 하필 오밤중에 이 난리지?"라는 불평이 저절로 입 밖으로 나올 정도였다.

스웨터에서 물이 더 이상 떨어지지 않을 때까지 꽉 짜서 걸어둔 후, 세탁기를 고쳐보기로 했다. 문제가 뭔지 알아내고 해결하기 전까지는 잠자리에 들지 않을 작정이었다. 마침내 문제를 해결하고 고개를 들자 시계는 어느덧 자정을 가리키고 있었다. 온몸은 땀 범벅이었고, 화가 나서 분비된 아드레날린 때문에 흥분 상태였다. 사실 생각해보면 정말이지 별일 아니지만, 이런 일은 늘 일어난다. 사람들은 살면서 다양한 이유로 화를 낸다. 나는 주로 고장난 세탁기처럼 당연하다고 생각했던 일이 제대로 이루어지지 않을 때 화가 난다. 결국 문제는 해결했지만, 대가를 치러야 했다.

세네카는 분노를 관리하는 것이 얼마나 중요한지 강조한다. "분노를 억제하지 못하면 분노를 일으킨 원인보다 분노 그 자체가 더 큰 해악을 끼칠 수 있다."

분노는 감정뿐만 아니라 신체에도 해롭다. 화를 내거나 자책할 때(자책 역시 자신에게 화를 내는 것이다) 우리 몸에서는 코르티솔이 분비된다. 코르티솔은 건강에 해로울 뿐만 아니라 수면 장애를 일으키기도 한다. '스트레스 호르몬'이라고도 불리는 코르티솔은 생명이 위협받는 상황에서 뇌가 더 잘 기능하도록 혈당을 증가시킨다. 이 생물학적 과정은 과거 우리 선조들이 검치호랑이에게서 살아남는 데는 큰 도움이 되었을지 몰라도, 오늘날처럼 별것 아닌 일에도 스트레스를 받을 수 있는 환경에서는 오히려 악영향을 끼칠 수 있다. 예를 들어, 코르티솔은 신진대사를 늦추어 소화계에 심각한 문제를 일으키기도 한다. 2천 년 전의 사람인 세네카는 코르티솔 같은 과학적 개념은 알지 못했겠지만, 분노와 스트레스가 미치는 부정적인 영향에 대해서는 잘 알고 있었다.

> 화를 내는 것은 누구보다 자신에게 가장 해롭다. 우리를 화나게 하는 것보다 화를 내는 것이 우리 몸에 더 해롭다는 이야기다.

그렇다고 해서 절대 화를 내지 말라는 뜻은 아니다. 누군가가 나를 위협할 때는 화를 내야 한다. 하지만 일이 잘못되거나 내가 무언가를 잘못했다는 생각이 들 때, 자신에게 화를 내지 말라. 많은 사람이 스스로에게 화를 낸다. 우리는 자신을 더 사랑해야 한다. 자신에게 관대해져라.

세탁기 사건이 해결되고 나자, 갑자기 이 모든 상황이 황당해서 헛웃음이 나왔다. 밤 12시, 침대에 누워 있어야 할 시간에 땀을 뻘뻘 흘리며 세탁기를 고치고 있는 내 모습이라니. 이어서 이런 생각이 들었다. '적어도 의미가 없진 않네, 글로 쓸 거리가 생겼으니까.' 고장 난 세탁기 안에 들어있던 젖은 스웨터를 발견한 순간 바로 웃어넘길 수 있었다면 더 좋았겠지만, 지금이라도 웃을 수 있으니 다행이었다.

자책에 빠져 스스로를 해치는 적이 되기보다는 코미디언이 되어라.

자신의 행동을 관찰하고, 화를 내기보다는 인생이 얼마나 짧은지를 되새겨라. 살면서 일어나는 일의 대부분은 화를 낼 가치가 없는 일이라는 사실을 깨닫고 웃어넘겨라. 그렇게 하면 인생이 한결 즐거워질 것이다.

생각을 다스리는 법

"인생에서 가장 중요한 과제는 내가 통제할 수 없는 것과 내가 통제할 수 있는 것을 명확히 구분하는 것이다."

―에픽테토스

주변 환경이 아니라 마음가짐을 바꾸라

매일매일 똑같은 하루가 되풀이된다는 생각이 들면, 주변 환경이 답답하게 느껴질 때가 있다. 똑같은 침대에서 일어나, 똑같은 풍경을 보고, 똑같은 방에서 아침을 먹고, 똑같은 친구를 만난다. 쳇바퀴 같은 일상이 지루해서 여행을 떠나는 사람도 많다. 인생이 이따금 지루하고 갑갑하게 느껴지면서 짜증이 나는 것은 지극히 정상이다. 나도 일 년에 수차례 그런 기분을 느낀다.

이런 기분에서 빨리 벗어나는 방법이 있다. 사실 자신을 둘러싼 주변 환경을 바꾸고자 하는 욕망은 인간의 본능으로, 스토아 철학자들 역시 이와 관련해 많은 글을 남겼다. 세네카는 삶이 지루하다고 불평하며 우울해하는 루킬리우스에게 이렇게 말했다. "여행을 다녀오거나 환경을 바꾸었는데도 슬프고 우울한 감정이 사라지지 않아서 이상한가? 그렇다면 그건 환경을 바꿀 것이 아니라 태도를 바꿔야 해결되는 문제라네." 슬프고 우울한 감정이 드는 건 전혀 이상한 일이 아니다.

내가 보기에 가장 이상한 것은 이렇게 말하면서 계속해서 환경 탓을 하는 것이다. "여기서 얼른 벗어나야겠어." 마치 환경을 바꾸면 문제가 해결될 것처럼 말이다.

그러나 그런 일은 일어나지 않는다. 우리는 주변 환경에 문제가 있다고 생각하지만, 실제로는 마음가짐에 있는 경우가 대부분이다. 당신 자체가 문제라는 뜻은 아니다. 인간은 적응의 동물이지만, 인생에 새로움이 없으면 언젠가는 우울함이 찾아오기 마련이다. 아무리 행복한 인생을 살고 있다고 하더라도 어느 순간부터는 그 행복에 익숙해져 버린다. 그러면 루킬리우스처럼 우울감에 빠지게 된다. 이따금 지나치게 낙관적인 사람들을 만날 때가 있다. 이들은 요즘 어떻게 지내냐는 질문에 항상 "너무 좋아!"라고 대답한다. 부럽다고 생각하는 이도 있겠지만 사실 이는 최악의 경우다. 세상천지에 항상 '너무 좋은' 순간으로만 가득 찬 인생을 사는 사람이 어디 있겠는가? 그런 인생은 존재하지 않는다. 인생은 녹록지 않다.

인생이 항상 너무 좋다고 말하면 우울한 마음에서 벗어날 수는 있겠지만, 이는 자신을 속이는 일이다. 당신 자체에는 문제가 없다. 존재, 영혼, 의식 등 자신을 어떻게 정의하든지 간에 말이다. 뜬구름 잡는 소리처럼 들릴 수 있지만, 나는 내가 주변 탓을 하고 있다는 사실을 자각할 때마다 이렇게 되뇐다. "해결책은 내 안에 있어." 해결책은 바로 당신 안에 있다. 사물을 바라보는 관점을 바꾸면 된다.

자신 외에 다른 것을 바꾸려 들지 말라. 심지어 내가 통제할 수 있는 것일지라도 말이다. "하지만 스토아 철학에서는 통제할 수 있는 것에 집중하라고 가르치지 않나요? 제 결정은 제가 통제할 수 있잖아요. 그래서 이직(혹은 이사)하기로 결정한 건데요!" 맞다. 하지만 스토아 철학은 일반적으로 생각하는 것보다 훨씬 더 미묘하고 복잡하다. 통제할 수 있다고 해서 통제력을 행사해야 마땅한 것은 아니다. 중요한 것은 어떤 결정이나 행동이든 평온한 마음에서 시작되어야 한다는 것이다. 차분하고 중립적이며 평온한 마음이 기본 행동 지침이 되어야 한다. 실제로 결정을 내리거나 실행에 옮기는 것은 그다음이다.

그렇다고 해서 아무것도 바꾸지 말라는 이야기는 아니다. 단지 그것으로 해결되는 일은 거의 없다는 말을 하고 있는 것이다. 주변 환경을 바꾸는 것과 관련해 내 생각은 이렇다. 카리브해로 여행을 가서 스노클링을 해보고 싶지만, 지금 이대로도 충분히 행복하다. 그래도 기회가 된다면 갈 것인가? 그럴지도. 멀리까지 여행을 가는 일이 귀찮다면 그냥 지금 이 자리에서 주어진 하루하루를 즐기며 사는 것은 어떤가? 물론이다. 만약 당신이 찾는 것이 내면의 평화라면 아무것도 바꿀 필요 없다. 내면의 평화는 바로 우리 마음속에 있다. 마음가짐을 바꿔라. 그러면 내면의 평화가 찾아올 것이다.

항상 '너무 좋은' 순간으로만 가득 찬
인생은 존재하지 않는다.

마음이 무엇을 향하는지 관찰하라

 마르쿠스 아우렐리우스의 《명상록》은 책으로 출간할 의도로 쓴 글이 아니다. 그저 그때그때 떠오르는 질문이나 단상, 명상을 모은 것이다. 그중 이런 글도 있다. "내 마음, 마음이란 무엇인가? 나는 내 마음을 어떻게 다스리고 있는가? 나는 내 마음을 어디에 쏟고 있는가?" 아우렐리우스는 섣불리 어떤 진술이나 가정을 하지 않는 대신 자신에게 질문을 던진다. 마음이란 무엇인가? 나는 내 마음을 어디에 쏟고 있는가? 자신의 사고방식을 이해하면 마음을 훨씬 더 잘 다스릴 수 있다.

 마음이 무엇인가라는 질문에 답하기란 쉽지 않다. 마음에 대해 정확히 정의내릴 수 있는 사람은 없기 때문이다. 하지만 우리가 마음을 어디에 쏟는지는 생각해볼 수 있다. 가령 이따금씩 아침에 눈을 떴는데 마음은 현실이 아닌 다른 곳에 가 있는 날들이 있다. 그런 날에는 하루 일과에 집중하기가 힘들다. 지금도 그런 날들이 한 번씩 찾아오곤 한다. 하지만 스토아 철학을 접하기 전에는 주로 내가 통제할 수 없는 일을 생각하곤 했고, 그래서 항상 미래에 대한 불안에 시달리곤 했다. 사업이 실패하면 어떡하지? 싫어하는 일을 할 수밖에 없는 상황이 닥치면 어떡하지? 인간관계를 망치면 어떡하지? 이런 걱정이 꼬리에 꼬리를 물고 이어졌다.

하지만 스토아 철학에 대해 배우고 일상에서 실천해나가면서 더 이상 쓸데없는 걱정에 시간과 에너지를 낭비하지 않고 현재에 오롯이 집중하는 법을 배웠다. 물론 그래도 여전히 내 의식을 완전히 통제하지는 못한다. 나도 모르게 내가 하는 일, 글쓰기, 목표, 미래 계획 등을 생각하고 있는 자신을 발견하곤 한다. 구체적으로는 앞으로 쓰고 싶은 책, 진행하고 싶은 행사, 방문하고 싶은 장소 등을 떠올리는 식이다. 하지만 이런 공상에 빠져 있는 순간 또한 내 생각에 집중하는 기회로 삼을 수 있다.

얼마 전에 문득 '철학과 자기 계발에 관심 있는 사람을 대상으로 한 행사를 만들어보고 싶다'는 생각이 들었다. 멋지게 들리지만 사실 지금 당장 할 수 있는 일은 아니다. 그냥 머릿속에 그럴듯한 계획이 떠올랐을 뿐이다. 아우렐리우스가 스스로에게 했던 질문을 한번 해보자. "나는 내 마음을 어디에 쏟고 있는가?" 나는 그저 즐거운 공상에 빠져 상상의 나래를 펼치는 데 내 마음을 쏟고 있었던 것이다. 아이디어를 떠올리는 것은 좋은 일이지만 가상의 시나리오를 연출하는 데 그토록 많은 시간을 허비해야만 할까? 이미 지나간 대화를 곱씹는 것도 마찬가지다.

> 이미 지나간 대화를 떠올리며 후회한다고 해서 달라지는 것은 아무것도 없다. 내가 무슨 말을 했는지 하나하나 돌이켜보고 '이렇게 말할 걸' 하고 생각해볼 수는 있지만, 시간을 거슬러 똑같은 대화를 다시 할 수는 없는 노릇이다.

돌이킬 수 없는 과거를 끊임없이 회상하고 후회하는 것은 쓸모없는 생각이란 무엇인지를 보여주는 완벽한 예라고 할 수 있다. 이는 또한 우리가 마음속에서 어떻게 길을 잃을 수 있는지를 보여준다. 과거를 통해 얻을 수 있는 교훈이 있다면 유용하겠지만, 고장 난 레코드처럼 똑같은 구간만 반복재생하는 것은 시간 낭비일 뿐이다.

쓸모없는 생각을 하느라 시간과 에너지를 낭비하지 않으려면 자신의 마음을 더 주의 깊게 관찰해야 한다. 생각보다 방법은 간단하다. 아우렐리우스처럼 일기를 쓰는 것이다. 이때 특정한 주제나 질문을 중심으로 일기를 쓰는 것이 중요하다.

예를 들어, 나는 주식 투자 기술을 향상시키고 싶어서 '주식 거래를 하다가 실수했을 때는 어떻게 대처해야 할까?'라는 질문을 주제로 일기를 썼다. 일기를 쓰면서 나는 내 안에 탐욕과 증명 욕구가 존재한다는 사실을 알게 되었다. 나는 주식 거래를 할 때, '평균 단가 낮추기' 전략을 자주 사용하곤 했다.

단기 투자 중 한 방법인 모멘텀 투자자는 주식이 오를 때 사고, 떨어지면 추가 매수를 하지 않는다. 주가가 50일 때 샀다면, 50을 기준으로 주가가 상승할 때는 추가 매수를 진행하고, 떨어질 때는 더 이상 추가 매수를 하지 않는 식이다. 하지만 나는 '주가가 하락했을 때 많이 사두면, 나중에 다시 올랐을 때 잠재적인 이익이 더 커질 거야!'라는 생각으로 하락 추세에서도 추가 매수를 계속 진행했다. 이게 바로 '평균 단가 낮추기' 전략이다. 내 탐욕이 여실히 드러나는 투자 방식이다. 심지어 주가가 10퍼센트 하락하고 추가로 20퍼센트까지 하락하는 시점에도 계속해서 해당 주식을 사들였다. 내가 옳다는 것을 증명하고 싶었기 때문이다. '이 주식은 결국에는 오를 거야. 틀림없어. 더 낮은 가격에 사두면 무조건 이익이야. 이제 기다리기만 하면 돼!'

일기를 쓰면서 내 전략이 주식 투자에 전혀 도움이 되지 않는다는 사실을 깨달았다. 내 방식을 스토아 철학의 원칙에 따라 살펴보니 그 안에 존재하는 탐욕과 증명 욕구를 분명하게 인식할 수 있었고, 더 이상 하락 추세에 주식을 사들이는 오기를 부리지 않고 있다.

생각을 일기로 쓰는 일이 어렵다고 느껴지는가? 걱정하거나 고민할 필요 없다. 일기 쓰기에 올바르거나 틀린 방법은 없다. 단지 머릿속에 떠오르는 것을 적어 내려가면 그만이다.

일기를 쓸 때는 질문으로 시작하면 가장 효과적이다.

질문에 대한 대답을 적으면서 자신의 마음을 관찰하라. 주의 깊게 관찰할수록 스스로에게 도움이 되지 않는 행동을 더 많이 발견할 수 있다. 이후 해야 할 일은 그런 행동은 더 이상 하지 않으려고 노력하면서, 균형 잡힌 사람이 되는 데 도움이 되는 일에 집중하는 것이다.

자신의 의견에 귀 기울여라

앞서 넘쳐나는 쓸모없는 정보에 대해 이야기했다. 그런데 쓸모없는 정보란 도대체 무엇일까? 간단하다. 삶에 긍정적인 영향을 미치지 않는 것은 모조리 쓸모없는 정보다. 그래서 나는 소셜미디어를 스크롤할 시간에 책을 읽는다. 소셜미디어에서 얻을 수 있는 정보는 마치 설탕과 같다. 일시적으로 기분이 좋아질 수는 있지만, 삶에 긍정적인 영향을 끼치지 않는다. 쓸모없는 정보는 소셜미디어에만 존재하는 것은 아니다.

가령 나는 NBA 경기를 즐겨 본다. 하지만 NBA 리그를 둘러싼 잡다한 정보에는 일절 관심을 두지 않는다. ESPN 해설가가 지난밤 르브론 제임스의 경기력을 평가한 글이 내 삶에 긍정적인 영향을 미칠 수 있을까? 그럴 시간에 내 눈으로 경기를 보고, 산책을 하거나, 책을 읽거나, 친구와 대화하는 편이 훨씬 낫다.

누구나 모든 일에 의견을 가지고 있다. 그러나 다른 사람의 의견보다는 자신의 의견에 더 귀를 기울여야 한다.

전설적인 주식 투자자 제시 리버모어의 이야기를 해보자. 리버모어는 대공황이 닥치기 전 20년 동안 월스트리트에서 승승장구하며 주식 시장의 큰손으로 이름을 떨쳤다. 그러던 어느 날 리버모어는 돌연 월스트리트를 떠나기로 한다. 이유는 주식 관련 조언을 구하러 오는 사람들이나 그의 판단에 영향을 미치는 사람들을 피하고 싶었기 때문이다. 그는 온전히 자신의 판단에 따라 행동하길 원했다. "주식 투자자 집단, 그중에서도 특히 틈만 나면 중개인 사무실에 모이는 사람들 사이에 끼고 싶다는 생각은 단 한 번도 해본 적이 없다. 나에겐 나 혼자 생각할 수 있는 시간이 필요했다. 적어도 15분 이상 아무런 방해도 받지 않고 생각할 수 있는 시간 말이다."

아무에게도 방해받지 않고 생각할 수 있는 시간을 가지는 것이 생각의 질을 높이는 데 있어 얼마나 중요한지는 아무리 강조해도 지나치지 않다. 나 역시도 다른 작가들과 어울리는 것을 좋아하지 않는 편이다. 개인적인 감정이 있어서가 아니라, 같은 일을 하는 사람들과 어울리다 보면 서로의 생각에 영향을 받을 수밖에 없기 때문이다. 특정한 사람들과 지속적으로 어울리다 보면 결국에는 생각과 의견이 비슷해진다. 스스로 관찰하고 판단하라. 다른 사람의 의견을 따르지 말라.

외부로부터 주어지는 정보는 나도 모르게 기분에도 영향을 미친다. 외부의 영향력을 완전히 차단할 수 있을 만큼 정신력이 강한 사람은 없다.

우리는 외부의 영향력에서 벗어날 수 없다. 단지 제한할 수 있을 뿐이다. 이를 '감정 휴리스틱'이라는 개념으로 설명할 수 있다. 만약 무언가를 두려워하는 마음이 있다면 그 두려움을 바탕으로 의사결정을 내리게 된다는 것이다. 이때 '두려움'은 얼마든지 다른 감정으로 대체할 수 있다. 예를 들어, 소셜미디어를 보다 보면 다른 사람과 자신을 비교하게 되고, 스스로가 가치 없는 인간으로 느껴질 때가 있다. 그런 감정 상태로 하루 종일 이런저런 결정을 내리고 싶은가? 물론 아닐 것이다. 그러므로 이유 없이 기분을 가라앉게 만들고, 불안감이나 두려움이나 질투심을 느끼게 하는 정보는 멀리하는 것이 좋다. 바로 이런 것들이 쓸모없는 정보다.

지인 중의 한 명은 특정 농구팀의 열성 팬이다. 그 친구는 관련 팟캐스트와 토크쇼를 섭렵하고, 실시간 중계방송은 물론이거니와 경기 전후 분석 방송까지 챙겨본다. 자신이 응원하는 농구팀의 후보 선수 명단뿐만 아니라 선수의 사생활과 개인 정보까지도 훤히 꿰고 있을 정도다. "저기 저 선수 보이지? 여동생이 물리치료 전문가야." 잠깐, 내가 지금 뭘 들은 거지? 그 정도로 사소한 정보까지 알아야 할 이유가 있을까? 팬이 선수들의 개인 신상 정보까지 꿰뚫고 있다고 해서 팀의 경기력이 향상되는 것은 아니지 않는가?

> 쓸모없는 정보에 소비할 시간에 차라리 인간관계를 개선하려고 노력하는 편이 훨씬 낫지 않을까? 소파에 앉아 휴대전화를 들여다볼 시간에 가족과 대화를 나누거나 친구에게 전화를 하라. 실제로 인생에 도움이 되는 일을 하라!

결국 시간을 잘 활용해야 한다는 이야기다. 시간과 에너지는 한정되어 있다. 이 한정된 시간과 에너지를 어떻게 활용할 것인지는 자신이 선택해야 한다.

이제 어떤 정보를 소비하기에 앞서 스스로에게 이렇게 한번 물어보라. "정말로 시간을 투자할 가치가 있는 정보일까?"

우리의 뇌에 받아들일 정보를 보다 신중하게 선택하라. 뉴스 기사든 트윗이든 간에, 삶에 긍정적인 영향을 미칠 정보만 선택해서 소비해도 충분하다.

몰두할 수 있는 일을 찾아라

얼마 전 어머니와 동생과 함께 스페인 남부에 있는 작은 도시 푸엔히롤라에서 휴가를 보냈다. 날씨는 화창했고, 풍경은 아름다웠다. 문득 글을 쓰기에 최적의 환경이라는 생각이 들었다. 나는 가족들을 먼저 돌려보내고 푸엔히롤라에 홀로 남아 책을 집필하는 데 몰두하기로 했다. 혼자 현지를 돌아다니며 친구를 사귀거나 관광을 하면서 한가롭게 시간을 보낼 수도 있었지만, 그 시간을 책을 쓰는 데 집중하기로 마음먹었다.

나는 글쓰기를 좋아한다. 글쓰기는 내가 살아가는 목적이자 이유라고 여길 정도다. 그래서 책을 쓸 때면 늘 최선을 다하고 있다. 아우렐리우스는 "모든 행동은 원칙에 기반해야 한다"는 말을 남겼다. 이 말은 내가 이루고자 하는 일에 몰두할 수 있게 해주는 원동력이다.

이 말은 모든 행동에는 이유가 있다는 뜻이기도 하다. 그렇다고 아무 이유나 갖다 붙여도 된다는 뜻은 아니며, 개인적으로 믿는 철학이나 종교가 있다면 그 원칙에 따라 행동해야 한다는 뜻이다. 나는 스토아 철학의 원칙에 따라 살아간다.

스토아 철학의 원칙은 단순하다. '자신이 통제할 수 있는 것에 집중하라.' 그리고 '자연과 조화롭게 살아가라.'

다른 원칙들도 있겠지만, 결국에는 이 두 가지로 귀결된다. 첫째는 문자 그대로다. 자신이 통제할 수 있는 것이 무엇인지 생각하다 보면, 결국 자신 외에는 인생에서 통제할 수 있는 것이 거의 없다는 사실을 깨닫게 된다. 따라서 통제할 수 있는 것, 구체적으로 자신을 최선의 모습으로 만들어가는 일에 에너지를 쏟을 수 있게 된다.

둘째, 자연과 조화롭게 살아가라는 말은 다소 모호하게 느껴질 수 있다. 스토아 학파에 따르면, 인간은 이성적인 존재다. 그리고 잘 산다는 것은 현실을 인정하고 순응하며 조화롭게 사는 것이다. 그리고 우리가 인정해야 할 현실 중 하나는, 인간이 산만해지기 쉬운 존재라는 것이다. 나 역시 푸엔히롤라에 도착한 첫 주에 이를 경험했다. 그곳은 볼거리도 많고 놀거리가 넘치고 날씨까지 좋아서 하루를 온전히 여가 활동으로만 채웠는데도 부족하게 느껴졌다.

잘 사는 방법 중 하나는 집중을 잃고 산만해지지 않도록 자신을 지키는 것이다.

어떤 일에 온전히 몰입해본 적이 있는가? 그 순간을 떠올려보라. 아마도 기분이 좋았을 것이다. 그 순간은 친구나 배우자와 함께했던 순간일 수도, 열정적으로 프로젝트에 몰두한 순간일 수도 있다. 인생의 목적을 잃고 표류하게 되면, 좌절을 경험하게 된다. 누구에게나 열정을 쏟아부을 일 하나 정도는 있는 편이 좋다. 재밌고 즐거운 일, 오롯이 혼자 힘으로 통제할 수 있는 일이 있다면 세상이 어떻게 돌아가든 언제나 그것에 집중할 수 있다.

내게는 글쓰기가 바로 그런 일이다. 글쓰기는 오직 나 혼자 하는 일이기 때문이다. 진심 어린 열정을 쏟을 수만 있다면 글쓰기가 아니더라도 좋다. 무슨 일이든지 상관없다. 그림을 그리거나 사진을 찍는 예술 행위가 될 수도 있고, 피트니스나 건강 프로젝트가 될 수도 있다. 예를 들어, 곧 마흔이 되는 내 친구처럼 '식스팩을 갖춘 40대'가 되겠다는 목표를 세울 수도 있다.

최근 그 친구는 하프 마라톤을 1시간 35분 만에 완주했다. 평균 기록이 2시간대임을 감안하면, 엄청난 기록이다. 게다가 20대 때보다 더 빠른 기록이다. 어떻게 이런 일이 가능할까? 바

로 목표가 있기 때문이다. 이 친구는 무작정 뛰지 않는다. 아우렐리우스가 말했듯이 "모든 행동은 원칙에 기반해야 하며" 이유 없는 행동은 없다. 그는 현재 시점에서 다다를 수 있는 가장 건강한 모습이 되기 위해 최선을 다하고 있으며, 마흔이 되어서도 그 노력은 끊임없이 이어질 것이다. 그리고 그 이후에는 아마 또 다른 계획이나 목표를 세우게 될 것이다.

삶을 원하는 모습으로 꾸려 나가려면 목표와 계획과 야망이 필요하다. 우리는 이루고자 하는 것이 있을 때 명확한 삶의 방향을 따라 살아가게 된다.

스스로 설정한 목표를 쫓아 살되, 통제할 수 있는 목표에 집중하라. 그러면 다른 사람에게 의존하거나 행운을 바라지 않아도 원하는 것을 이룰 수 있게 될 것이다. 성공을 좌우하는 결정적인 요인은 바로 우리 자신이다.

한 가지 일에 집중하라

지금 당신이 이루고자 하는 목표는 무엇인가? 명문대에 진학하는 것일 수도 있고, 대기업에 입사하는 것일 수도 있고, 전문 분야에서 최고가 되는 것일 수도 있다.

좋은 성과를 얻으려면 노력해야 한다. 그리고 노력하기 위해서는 그 일에 집중해야 한다. 세네카는 "어디에나 있으려는 자는 어디에도 있지 않다"라고 했다.

무언가를 이루고 싶다면, 그것에 집중해야 한다. 집중력과 에너지가 분산되면 의미 있는 진전을 이뤄낼 수 없다. 당연하게 들리지만 실제로는 가장 어려운 일 중 하나다. 나는 집중력을 높이기 위해 늘 노력한다. 앞서 이야기했지만, 사람은 산만해지기 마련이므로 집중력은 자칫 방심하면 흐트러질 수 있다. 집중은 끝없는 도전이다.

집중력에 영향을 미치는 몇 가지 요인이 있다.

첫째, 정신 건강이다. 기분이 좋지 않을 때는 생각이 흐트러지기 쉬우며, 정신이 딴 데 팔려 하고자 하는 일에 집중하기가 어렵다. 마치 마음이 자신을 방해하는 것처럼 느껴진다.

둘째, 부차적인 일이다. 자기 자신을 돌보거나 사랑하는 사람과 시간을 보내고 충분한 휴식을 취하는 것, 경력을 쌓기 위해 의미 있는 한 걸음을 내딛는 일 등은 인생에서 정말 중요한 일들이다. 그리고 그 밖의 다른 일은 부차적인 일이다. SNS, 오락, 가십, 온라인 데이트, 도박, 게임 등이 그렇다. 이처럼 별로 중요하지 않은 일에 많은 시간을 할애하면 집중력이 떨어질 수밖에 없다.

셋째, 목표의 부재다. 인생에 목표가 없으면, 딱히 의미 있는 일도 없고 인생이 제자리에서 맴돌고 있는 것처럼 느껴질 것이다. 의미 있는 목표를 세우고 이를 향해 나아갈 때, 삶의 방향을 잃지 않고 온전히 집중할 수 있다.

정신 건강을 관리하고, 일차적인 활동에 집중하며, 인생의 목표를 세우면 집중력을 크게 높일 수 있다. 때로는 기간을 정해놓고 한 가지 일에만 전념해보는 것도 좋다. 나는 지난 한 달 동안 내가 가진 시간과 에너지와 정신력의 90퍼센트를 새로운 책을 집필하는 데 쏟아부었고, 그 결과 한 달 만에 초고를 완성했다.

그 전 여섯 달 동안 쓴 것보다 더 많은 글을 쓴 것이다.

한 가지 일에 집중할 때 얼마나 큰 효율을 낼 수 있는지를 단적으로 보여주는 사례다. 얼마간이라도 인생에서 다른 일을 덜어내고 이루고자 하는 딱 한 가지 일에만 집중하면 엄청난 발전을 이뤄낼 수 있다. 전직 미 해군 특수부대 네이비씰 출신이자 울트라마라톤 선수인 데이비드 고긴스^{David Goggins}가 자주 강조하는 내용이기도 하다. 고긴스의 목표는 최고 중에서도 최고가 되는 것이다. 그러려면 때로는 삶의 균형을 깨뜨릴 수밖에 없다고 고긴스는 말한다.

"비범한 사람들 가운데서도 비범한 사람이 되고자 한다면 위대함을 오랫동안 유지해야 한다. 그러려면 언제나 더 높은 목표를 향해 끊임없이 노력해야 한다. 그러한 경지에 이르려면 당신이 가진 모든 것 혹은 그 이상을 바쳐야 한다. 충분히 해낼 수 있을 것 같지만, 결코 아무나 할 수 있는 일이 아니다. 한 가지 목표에만 집중해야 하므로 삶의 균형이 깨질 수도 있기 때문이다."

최고의 커리어를 유지하면서 운동경기에도 열심히 참가하고 사회생활까지 활발히 하기는 쉽지 않다. 무슨 일이든지 최고가 되려면 그만큼 시간을 투자해야 한다. 최고의 부모가 되고 싶든, 최고의 운동선수가 되고 싶든, 동시에 모든 것을 잘할 수는 없다. 반드시 무언가는 포기해야 한다.

모든 것을 잘하려고 무리하다 보면, 번아웃에 빠지거나 탈이

날 수 있다. 또는 오히려 일을 망치거나 관계를 망칠 수 있다. "모든 것을 가질 수는 있지만 한꺼번에 가질 수는 없다"라는 말도 있지 않은가.

하지만 대부분의 사람들이 그렇듯이 나 역시 균형 잡힌 삶을 원한다. 여기서 중요한 것은 인생에서 우선순위 서너 가지만 추려서 균형을 맞추는 것이다. 나는 우선 일과 운동과 가족에 집중하기로 마음먹었다. 때로 이 세 가지 중에서도 하나에만 집중해야 하는 시기가 있다. 지난 한 달 동안 오직 책을 마무리하는 일에만 집중했던 것처럼 말이다. 한 영역에만 집중하기로 하면서 다른 사회생활은 포기할 수밖에 없었지만 한편으론 오히려 편하

기도 했다.

고긴스가 말했듯이, 위대해지려고 노력하다보면 삶의 균형이 깨질 수도 있다. 너무 많은 것들에 시간과 에너지를 쏟으려고 하면 더더욱 그럴 수밖에 없다. 선택을 해야 한다.

인생에서 정말 중요한 것들만 추려서 집중하는 것이 정신건강적인 면에서 보나, 직업적인 면에서 보나 훨씬 낫다.

언젠가 당신에게도 여기서 한발 더 나아가 딱 하나에 온전히 집중해야 할 때가 올 것이다. 내가 책을 집필할 때 그랬던 것처럼 말이다. 하지만 오랜 시간 한 가지에 전념하는 것을 추천하진 않는다. 그러면 십중팔구 과로로 이어지기 때문이다. 틈틈이 휴식과 여가를 즐기며 재충전하는 시간도 반드시 필요하다는 것을 잊지 말자.

모든 것을 가질 수는 있지만,
한꺼번에 가질 수는 없다.

건강한 마음을 추구하라

네덜란드어로 '허존트 페어스탄트 gezond verstand'는 '상식'을 의미하지만 단어 그대로 직역하면 '건강한 마음'이라는 뜻이다. 나는 네덜란드에서 통용되는 '상식'이라는 뜻보다 '건강한 마음'이라는 번역이 더 마음에 든다. 마르쿠스 아우렐리우스는《명상록》에서 '건강한 마음'에 대해 다음과 같이 설명한다.

"건강한 눈은 눈에 보이는 모든 것을 볼 수 있어야 한다. '너무 눈부셔!'라는 말이 나온다면 눈에 염증이 생겼다는 징후일 수 있다. 또한 청각과 후각이 정상이라면 주변의 어떤 소리나 냄새도 듣고 맡을 수 있어야 한다. 건강한 위장은 어떤 음식이든 소화할 수 있어야 한다. 마찬가지로 건강한 마음은 어떤 일도 감당할 수 있어야 한다."

그렇다면 도대체 '건강한 마음'이란 무엇일까? 반대로 생각해보자. '건강하지 않은 마음'은 무엇인가? 이 질문에 답하려면 잠시 상식에서 벗어나야 한다. 가령 정확한 판단력과 논리적인 사고력을 가진 사람일지라도 마음은 건강하지 않을 수 있다. 내가 생각하는 건강하지 않은 마음의 특징은 다음과 같다.

- 걱정이 많다 – 통제할 수 없는 것들에 대해 끊임없이 생각한다.
- 감정 기복이 심하다 – 별다른 이유 없이 하루는 기뻤다가, 하루는 슬펐다가 한다.
- 집중하지 못한다 – 중요한 일에 집중하지 못한다.
- 불안정하다 – 현재 상태에 만족하지 못한다.

이 네 가지 특징을 반대로 뒤집어 생각해보면 건강한 마음이 무엇인지 알 수 있다. 그런데 매 순간 온전히 건강한 마음으로 살아가는 것이 과연 가능할까? 하지만 이런 의문을 제기한다는 것부터 마음이 건강하지 않다는 반증이다.

건강한 마음을 가진 사람은 걱정이 없으며, 마음이 평안하다. 자신의 통제를 벗어난 일이나 현실과 동떨어진 일에는 신경을 쓰지 않기 때문이다.

　사람은 누구나 실수를 하기 마련이다. 완벽한 인생이란 존재하지 않는다. 중요한 것은 실수하더라도 침착함과 냉정함을 잃지 않는 것이다.

　아우렐리우스에 따르면, 건강하지 않은 마음은 끊임없이 '아이들은 잘 있을까?' 혹은 '모두에게 인정받아야 해'라고 되뇌는 것이라고 했다. 물론 이 두 가지는 건강하지 않은 사고방식을 보여주는 단적인 예시일 뿐이다. 대부분의 사람은 어떤 행동이 건강하지 않은 행동인지를 잘 알고 있다. "하루는 기뻤다가, 하루는 슬펐다가, 이렇게 감정이 요동치는 것은 마음이 건강하지 않다는 뜻이야"라는 말에 의문을 제기할 사람은 없을 것이다. 우리는 그런 상태가 정상적이지 않다는 사실을 이미 알고 있다. 다만 정상적인 상태가 어떤 상태인지를 잘 모를 뿐이다.

그렇다면 정상적이고 건강한 행동이란 무엇인가? 좋은 질문이다. (나처럼) 사사건건 불평불만을 늘어놓고 툭하면 서로 언성을 높이는 가족들 사이에서 자란 사람은 그게 정상이라고 생각하게 된다. 나 또한 연인 혹은 배우자와 툭하면 언쟁하는 관계가 정상인 줄 알았다. 좀 더 나이가 들고서야 그런 관계가 건강하지 않다는 사실을 알게 되었다. 때때로 우리는 무엇이 건강한 상태인지 알지 못할 때가 있다. 그래서 나는 철학을 좋아한다. 철학은 선한 삶, 건강한 삶이란 무엇이냐는 질문에 대한 해답을 찾아가는 학문이기 때문이다.

철학은 더 나은 사람이 되고자 끊임없이 노력하는 과정이다. 그리고 건강한 마음이야말로 우리가 평생에 걸쳐 추구해야 할 목표다.

자신을 더 잘 이해하는 법

"발전이 좀 있었느냐고? 물론일세. 나 자신과 친구가 되기로 했다네."

— 로도스의 헤카토

내면의 힘을 믿어라

최근 자주 들었던 생각은 '일 년이 이렇게 통째로 날아가 버렸네'였다. 연말연시를 한번 떠올려보자. 보통 연말이 되면 외출을 많이 한다. 추운 날씨를 싫어하는 나조차도 연말이 되면 거리로 나간다. 가게마다 화려한 크리스마스 장식이 눈길을 잡아끌고, 여기저기서 흘러나오는 크리스마스 캐럴에 기분이 들뜬다. 게다가 몇 시간 동안 거리를 돌아다니다가 마시는 따뜻한 커피 한 잔은 정말이지 최고다.

가끔은 침대에서 벗어나고 싶지 않은 날들이 있고, 겨우 나왔지만 얼마 지나지 않아 다시 침대로 기어들어가고 싶은 날들도 있다. 하지만 당신의 내면에는 그런 마음을 이겨내고 꿋꿋이 하루를 살아갈 수 있는 힘이 있다. 에픽테토스는 이런 명언을 남겼다.

"어떤 역경을 마주하더라도 당신 안에 그 역경을 헤쳐 나갈 힘이 있다는 사실을 기억하라. 가까이해서는 안 될 사람에게 이끌릴 때 당신 안에 그 유혹을 이겨내고 절제심이 있다는 사실을 기억하라. 고통을 당할 때 당신 안에 그 고통을 견뎌낼 수 있는 참을성이 있다는 사실을 기억하라. 모욕을 당할 때 당신 안에 그 모욕을 참아낼 수 있는 인내심이 있다는 사실을 기억하라."

그리고 우리의 내면에 계속해서 앞으로 나아갈 힘이 있다는 사실을 기억하라.

에픽테토스는 어떤 시련이 닥치더라도 이미 우리 안에 답이 있다는 사실을 깨우쳐준다. 문제는 우리가 자기 자신이 얼마나 강한 존재인지 잊어버린 채 살아간다는 것이다. 홀로코스트를 견뎌낸 생존자들을 생각해보라. 홀로코스트 생존자인 빅터 프랭클은 나치의 강제수용소에서 살아남은 경험을 바탕으로 《죽음의 수용소에서 Man's Search For Meaning》라는 책을 썼다.

따뜻한 침대에서 벗어나지 못하고 누워 있는 상태에서는 스스로가 약해 빠진 인간이라는 생각밖에 들지 않을지도 모른다. 하지만 그렇지 않다. 우리 안에 잠재된 강인함을 잠시 잊고 있을 뿐이다. 마치 있는 줄도 모르고 지하실에 처박아두었다가 필요할 때 찾아 쓰는 물건처럼 말이다.

　얼마 전 창고를 뒤지다가 몇 년 전에 이사하면서 처박아둔 멋진 북엔드를 발견했다. 완전히 잊고 있었는데 막상 꺼내어 살펴보니 지금 살고 있는 아파트에서도 사용할 곳이 있었다.
　마음의 창고를 뒤지는 것이 바로 성찰이다. 나는 일기를 쓰면서 하루를 성찰한다. 과거를 돌아보는 것은 유익하다. 우리는 너무나도 쉽게 우리의 성취나 강점을 잊고 살아간다. 이미 한번 해낸 일인데, 두 번이라고 못해내겠는가? 여름의 무더위를 견뎌냈으면 겨울의 혹한도 견뎌낼 수 있다. 한번 새로운 일에 뛰어들었으면 두 번도 할 수 있다. 한번 다른 도시로 이주했으면 두 번도 할 수 있다.

어떤 순간이 닥쳐도 우리는 스스로 생각하는 것보다 훨씬 강하다는 사실을 기억하라.

누구에게나 인생의 역경을 헤쳐 나갈 힘이 잠재되어 있다. "고통을 당할 때 당신 안에 그 고통을 견뎌낼 수 있는 참을성이 있다는 사실을 기억하라." 모든 것은 이미 당신 안에 있다. 그저 먼지를 털어내고 꺼내 쓰기만 하면 된다.

모든 것은 이미 당신 안에 있다.
그저 먼지를 털어내고
꺼내 쓰기만 하면 된다.

나만의 인생 이야기를 써내려가라

누구에게나 자기 자신에 관한 이야기가 있다. 내가 누구인지, 무엇을 할 수 있는지를 비롯해 정작 본인은 알지도 못하는 사이에 온갖 이야기를 자기 자신에게 늘어놓는다. 가령 나에게는 일이 조금 힘들다 싶으면 금방 그만두는 나에 관한 이야기가 있다.

블로그를 시작하고 전문 작가의 길로 들어서고자 노력하던 시기에 나는 툭 하면 일자리를 알아보곤 했다. 특히 일이 잘 풀리지 않을 때는 더욱 그랬다. 첫 책을 출간했을 때 원하는 만큼의 수익이 나오지 않자 낙담했다. '그냥 그만두자. 너무 힘들다. 취직하면 안정적인 생활이 보장될 거야'라는 내면의 목소리가 자꾸만 나를 약하게 만들었다.

하지만 구인 광고를 들여다보다가 문득 스스로에게 그만두라고 말할 수 있다면 포기하지 말라고 말할 수도 있다는 사실을 깨달았다. 가치 있는 목표를 끝까지 유지하고 달성하는 일은 결코 쉽지 않다. 끈기가 필요하다. 스토아 철학자들은 관점 바꾸기의 달인이었다. 그들은 인생에서 일어나는 모든 상황을 자신에 대한 이야기를 조정할 기회로 여겼다. 예를 들어, 직장을 잃거나, 목표를 달성하지 못하거나, 야단을 맞거나, 놀림을 받는 등 안 좋은 일이 생길 때 우리는 그 일이 자아상에 부정적인 영향을 미치도록 놔두곤 한다. 그리고 그 일이 우리 감정과 행복을 망치도록 내버려둔다.

> 그러나 스토아 철학자들은 개인의 힘을 믿었으며, 누구에게나 눈앞에 닥친 상황에 자신만의 의미를 부여할 수 있는 능력이 있음을 믿었다.

마르쿠스 아우렐리우스는 다음과 같은 명언을 남겼다.
"(나쁜 일이 생겼을 때) 해를 입지 않기로 선택하면 해를 입지 않을 것이다. 해를 입었다고 느끼지 않으면 해를 입지 않은 것이다."

스토아 철학에 대해 잘 모르는 사람이라면 이 말이 도무지 이해되지 않을 수 있다. 오늘날 우리는 모든 사람이 '감정적 짐'을 지니고 살아간다고 가르치는 사회에서 살아간다. 과거가 현재에 영향을 미친다는 이야기를 다들 들어보았을 것이다. 과거의 일이 상처로 남아 현재 우리의 성격에 영향을 미치는 것처럼 말이다. 물론 과거에 일어났던 일을 찬찬히 들여다보며 이를 극복하려고 노력하는 것이 도움이 될 때도 있다. 하지만 자신이 만들어 낸 이야기에 갇히지 않는 것도 중요하다.

스토아 철학은 인간에게는 언제든 인생을 다르게 바라볼 수 있는 힘이 있다고 믿는다. 우리에게 일어나는 일을 바꿀 수는 없다. 하지만 그 일에 어떤 의미를 부여하는가는 우리의 의지로 바꿀 수 있다. 예를 들어, 직장에서 누군가가 나에게 무능하다며 비난할 때, 내가 선택할 수 있는 사고방식은 두 가지다.

- 그 사람이 옳다. 나는 무능하다.

- 그 사람은 나를 모른다. 나는 나름 최선을 다하고 있다. 그러니 그 사람이 나를 어떻게 평가하는지는 상관없다.

첫 번째 사고방식은 정서적 문제를 일으키는 원인이 될 수 있다. 반면 두 번째 사고방식은 마음의 평화를 가져다줄 수 있다. 좋든 싫든, 누구나 자신만의 이야기를 가지고 살아간다. 그리고 많은 경우 이야기는 시간이 지나면서 한 방향으로 진화하게 된다. 부정적인 이야기를 자주 한다면 아마 더 많은 이야기가 부정적인 방향으로 흘러갈 것이다. 긍정적이든 부정적이든 어느 한쪽으로 지나치게 치우치지 않고 객관적인 태도를 유지한다면 균형 잡힌 삶을 살 수 있을 것이다. 이것이야말로 아무리 강조해도 지나치지 않은 삶의 목표다.

내 인생의 이야기를 써내려가는 사람은 바로 나 자신이다. 인생에서 어떤 일이 닥치든 그 순간에 취할 태도를 결정할 힘은 자신에게 있다.

물론 한두 번의 결정으로 인생 전체가 바뀌지는 않는다. 누구나 알다시피 현실은 그렇게 녹록지 않다. 하지만 태도를 바꾸는 데는 생각보다 큰 노력이 들지 않으며, 가능하다는 믿음만 있으면 된다.

소유물이 당신의 가치를 말해주지는 않는다

블랙프라이데이나 독립기념일 같은 공휴일에 대규모 할인 행사가 열릴 때마다 나는 이때를 스토아 철학을 실천할 기회로 삼는다. 수많은 회사가 온갖 감언이설로 자기네 제품과 서비스를 구매하라고 소비자를 부추기는 동안 나는 마음을 단련하는 시간을 갖는다. 이걸 내게 가르쳐준 사람은 세네카다. 세네카는 루킬리우스에게 보내는 편지에서 이렇게 말한다.

> "우리가 경외할 만한 것은 오직 마음뿐이다. 인간의 마음은 본래 위대하므로 그 외에 다른 것을 위대하다고 여길 필요가 없다."

스토아 철학자들은 오늘날 우리를 보고 과연 어떤 생각을 할까? 우리는 자신의 가치를 소유물과 혼동할 때가 많다. "값비싼 시계를 차면 나의 가치도 덩달아 올라가는 거죠. 그렇지 않나요?" 물론 그렇지 않다. 여기서 '시계'를 다른 물건으로 대체할 수도 있다. 고급 자동차, 가방, 옷, 신발, TV, 스피커 등등 무엇이든지 말이다. 우리는 소유물로 자신의 가치를 나타내려고 한다. 그러나 스토아 철학자들에게 이는 가장 낮은 수준의 사고방식이다. 그들은 소유물이 아니라 마음을 중시한다.

처음으로 '멋진' 차를 샀던 순간을 기억한다. 2013년이었다. 사업으로 돈을 벌기 시작하면서 저축이나 투자보다는 일단 V10 디젤 엔진이 장착된 차를 사기로 결심했다. 비행기도 견인할 수 있을 만큼 강력한 엔진을 자랑하는 폭스바겐 투아렉이었다. 새로 뽑은 차를 보란 듯이 몰고 나갈 때마다 다들 찬사를 보냈다. "와우, 잡지에서나 봤던 차를 실물로 보네요. 보잉 747기를 견인할 수 있을 정도라던데, 정말 멋져요!"

그럼 나는 상대방에게 "고맙습니다"라고 인사했다. 마치 내가 칭찬을 받은 것처럼 말이다. 그러나 차는 차고, 나는 나일 뿐, 소유물이 나를 대신할 수는 없다. 사람들이 우리가 소유한 것을 칭찬할 때, 우리는 그 칭찬을 개인적으로 받아들인다. 물건을 자신과 동일시하는 것이다. 그러나 스토아 철학자들은 소유물과 겉으로 보이는 모든 것에 무관심했다. 그런 것들은 언제든지 사라질 수 있다는 사실을 깨달았기 때문이다. 우리의 가치를 결정하는 것은 우리에게서 결코 빼앗아갈 수 없는 것들이다. 심지어 우리의 몸조차도 시간이 지나면 늙고 병 들기 마련이다. 그러나 마음은 그렇지 않다. 제대로 기능하기만 한다면 마음은 결코 우리를 실망시키지 않는다.

세네카는 이렇게 말했다. "집에 오는 손님이 가구를 보고 감탄하는 것이 아니라 우리를 보고 경탄하게끔 하라."

가구 하나 없이 휑한 집에 살면서 손님들에게 "나 정말 똑똑하지요!"라고 말하라는 뜻이 아니다. 그건 또 다른 형태의 과시일 뿐이다. 스토아 철학자들은 지식이나 삶의 방식을 자랑할 필요가 없었다. 미덕을 자랑하지도 않았다. 외적으로는 사회에 완벽하게 동화된 것처럼 보였지만, 내적으로는 철학자다운 삶을 살았다. 검소하고 절약하는 삶을 살았지만 그러한 삶이 전혀 불행하다고 느끼지 않았다.

인생은 짧다. 어느 쪽이든 극단에 치우친 삶을 살 필요는 없다. 내가 소유한 것이 곧 내가 아니라는 사실만 기억하라.

그렇지 않으면 소중히 여기는 무언가를 잃었을 때 자신의 일부를 잃어버린 것 같은 상실감을 느낄 수 있다. 그리고는 상실감을 메우고자 계속해서 새로운 것을 찾게 된다. 무의미한 소비의 무한 굴레에 빠지게 되는 것이다. 그리고 필요하지도 않은 물건을 사기 위해 좋아하지도 않는 일을 억지로 하게 된다.

그렇다면 소비를 완전히 끊어야 한다는 이야기인가? 물론 아니다! 나는 할인할 때 필요한 물건을 대량으로 구매해두곤 한다. 돈을 절약하기에 좋은 방법이다. 그러나 특가 할인을 찾는 데 온종일 시간을 쏟지는 않는다. 그런 식으로 운동 장비를 구입하는 데 시간과 돈을 낭비한 적이 있지만, 결국 구입한 물건의 3분의 2는 사용하지도 않았다. 여기서 중요한 교훈을 배울 수 있다.

> 필요한 것이 있을 때 딱 그것만 산다. 그리고 미련 없이 내 할 일을 한다.

무언가를 소유해야만 당신의 가치가 올라가는 것은 아니다. 특가 할인을 놓쳤다고 해서 아쉬울 것은 하나도 없다. 우리는 블랙프라이데이가 그저 우리의 지갑을 열게 만들려고 기업이 꾸며낸 또 다른 구실일 뿐임을 잘 알고 있다.

매일매일 더 나은 인간이 되는 일에 시간을 써라.

우리가 경외할 만한 것은
오직 마음뿐이다.

언제 어디서나 자신의 가치관을 지켜라

지난주에 친구가 주최한 모임에 초대받아 갔다. 단독으로 공간을 대여해 우리끼리만 오붓하게 시간을 보낼 수 있어서 정말이지 만족스러웠다. 그런데 갑자기 누군가가 담배를 피우기 시작했다. 다른 사람이야 어찌 살건 신경 쓰진 않지만, 이런 모임 자리에서조차 욕구를 참지 못할 정도인 사람과는 가까이하고 싶지 않았다. 물론 혼자 있을 때나 똑같은 생활 방식을 공유하는 사람들끼리 있을 때 담배를 피우는 건 전혀 개의치 않는다.

나는 망설이지 않고 자리에서 일어나 나왔다. 개인적인 성장이나 긍정적인 삶의 방향과는 거리가 먼 사람과는 함께 있고 싶지 않다는 생각이 들었기 때문이다. 마음속에 이상을 품고 그러한 사람이 되고자 결심했다면, 사회적인 분위기나 유혹에 휩쓸려 결심을 내팽개쳐서는 안 된다.

에픽테토스는 모든 상황에서 항상 일관된 사람이 되어야 한다고 말했다. "먼저 어떤 사람이 되고 싶은지를 정하고, 그 결심을 굳건히 지켜 나가라. 혼자 있을 때나 다른 사람과 있을 때나 항상 일관된 태도와 행동을 유지하라."

그러면 언제 어디서든 자유로운 삶을 살 수 있다. 상황에 따라 어떻게 행동해야 할지를 고민하지 않아도 되기 때문이다. "직장에서는 어떻게 행동해야 하나요?" 집에 있을 때나, 가족과 함께할 때처럼 똑같이 행동하면 된다. 올바른 가치관을 따라 사는 사람에게는 숨길 것이 없기 때문이다.

나는 내가 가족과 있을 때나, 친구와 있을 때나, 직장 동료와 있을 때나 한결같은 사람이라는 사실에 자부심을 느낀다. 글을 쓸 때도 마찬가지다. 이 책에 담긴 내용이 곧 내가 생각하는 방식이자 살아가는 방식이다. 너무 과하다거나, 너무 진지하다고 생각하는 사람도 있겠지만, 나는 전혀 개의치 않는다.

중요한 것은 나 자신이 마음에 드느냐는 것이다. 다른 사람들이 나에 대해 어떻게 생각하는지는 중요하지 않다. 그 모임에서 담배를 피운 사람이 나를 별로라고 생각했다면 피차 마찬가지다. 아예 혹은 잘 모르는 사람에게까지 잘 보이고 싶은 마음은 전혀 없다. 내가 생각하기에 나 자신이 괜찮은 사람이라면 그리고 나에게 중요한 사람들이 나를 좋은 사람이라고 생각한다면 그것

만으로도 충분하다.

아우렐리우스도 《명상록》에서 언제나 한결같이 솔직하고 정직한 사람이 되기를 열망한다고 썼다. 진정으로 그렇게 사는 사람에게는 그 누구도 솔직하지 못하고 부정직한 사람이라고 말할 수 없다. 설령 그렇게 생각하는 사람이 있다 하더라도 오해에 지나지 않을 것이다. 솔직하고 정직하게 사느냐 마느냐는 전적으로 우리 자신에게 달려 있다. 그 누구도 우리를 막을 수는 없다. 솔직하고 정직하게 살지 않는 사람 역시 그렇게 살기로 스스로가 선택한 것이지만, 이는 로고스(고대 그리스 철학에서 이성, 논리, 또는 우주의 자연 법칙을 의미하는 개념으로, 여기서는 올바르게 사는 것을 뜻한다. - 옮긴이 주)에 반하는 삶이다.

어떤 사람이 되고 싶은가? 어떤 사람이 되면 스스로 자부심을 느끼며 살아갈 수 있을까? 언제 어디서나 그런 사람이 되어라.

아우렐리우스가 말했듯이 어떤 삶을 사느냐는 전적으로 우리 자신에게 달려 있다. 그 누구도 우리를 막을 수 없다.

더 나은 의사결정을 내리는 법

"우리가 통제할 수 있는 일에 온 신경을 집중하고 나머지는 우주의 섭리에 맡겨라."

– 가이우스 무소니우스 루푸스

자기 일은 자기가 결정하라

원래 가고자 결심했던 방향에서 벗어나는 일이 자주 있는가? 다른 사람 말에 휘둘려 결정을 번복하는 일은 어떤가? 이 두 가지는 서로 연결된 경우가 많다. 가령 창조적인 일에 도전해보고 싶지만 배우자나 부모님의 설득에 넘어가 결국 남들이 보기에 번듯한 직업을 선택하고 마는 식이다.

우리는 다른 사람의 말과 생각에 지나치게 귀를 기울인다. 다른 사람들의 마음에 들려고 끝없이 노력하다가 결국 그들이 바라는 대로 사는 자신을 발견하게 된다.

회사에 다닐 때, 존과 이든이라는 동료가 있었는데, 둘 다 창업을 하고 싶어 했다. 나 또한 내면에서 우러나오는 만족감을 주는 동시에 생활비를 충당할 만큼 벌이가 되는 일을 하고 싶었다. 나는 그 둘과 함께 자신의 사업을 하는 게 얼마나 멋진 일일지에 대해 이야기를 나누었고, 곧 회사를 그만두었다. 존도 얼마 지나지 않아 사직서를 내고 컨설팅 회사를 시작했다. 그리고 7년이 흘렀다. 지난 주에 이든을 만났는데, 그는 그동안 세 번이나 직장을 옮겼다고 했다.

그는 남 밑에서 일하는 것이 싫지만, 도전할 용기를 내지 못하고 있었다. 다른 사람 말에 너무 신경을 쓰기 때문이다. 이든은 배려심이 무척 깊고 항상 다른 사람의 말에 귀 기울인다. 그러나 에픽테토스는 한번 내린 결정을 끝까지 지키는 것이 얼마나 중요한 것인지에 대해 말했다.

"어떤 일을 하겠다고 결심했다면 그 결심을 끝까지 지켜 내야 한다. 다른 사람들이 뭐라고 하는지는 신경 쓰지 말라. 그 말에 휘둘려서는 안 된다."

그러나 이 조언을 실천하기란 정말 어렵다. 남들은 이래라저래라 쉽게 말하기 때문이다. 주변 사람들에게 내 계획을 이야기할 때마다, 누군가는 "나라면 이렇게 할 거야"라고 말하기도 하고 또는 "나라면 절대 그렇게 안 할 거야"라고 말하기도 한다. 이 자체는 문제가 되지 않는다. 이 역시 사회생활의 자연스러운 일부이기 때문이다. 서로 어울려 살아가다 보면 굳이 물어보지 않아도 자유롭게 의견을 나누게 된다. 이게 나쁘다고는 생각하지 않는다. 그러나 줏대 없이 다른 사람의 의견에 따라 움직이는 것은 좋지 않다.

아직 결정을 내리지 못한 상태에서 의견을 구하는 것은 좋은 일이다. 하지만 이미 결정을 내리고 나서 사랑하는 사람에게 이야기했다고 하자. 그다음은 보통 어떻게 될까? 그날 밤 자신의 결정이 옳았는지 의심이 든다면 뭔가 잘못된 것이다.

우리는 지나치게 다른 사람들의 생각에 휘둘리는 경향이 있다. 열린 마음으로 조언을 듣는 것과 다른 사람의 의견에 흔들려 결정을 내리지 못하는 것 사이에서 균형을 찾는 일은 쉽지 않다.

모든 사람을 만족시키려고 하다 보면 결국 자존감을 해치게 된다. 고통에 빠지고 마는 것이다.

모든 것을 혼자서 결정해야 한다는 이야기는 아니다. 그건 결국 혼자 남겨지는 길이다. 그러나 자신의 인생에 관련된 개인적인 문제에 관해서는 스스로 결정을 내릴 줄 알아야 한다. 여기에는 누구와 시간을 보낼지, 어떤 일을 할지, 누구와 연애할지, 결혼을 할지, 아이를 가질지 등이 포함된다. 이런 문제를 나 아닌 제삼자가 결정할 수는 없지 않겠는가?

자신이 옳다고 믿는 방식대로 자신만의 윤리와 원칙을 지키면서 살겠다고 결심하라. 내가 내린 결정이 고통으로 가는 길이 되어서는 안 되며, 내적인 만족으로 이어져야 한다. 내 마음과 다른 사람의 의견 사이에서 균형을 찾되 한번 결정을 내리면 나 스스로가 온전히 책임을 져야 한다는 사실을 기억하라. 내가 마음먹은 그대로 실천에 옮길 수 있다면 그보다 좋은 것은 없다.

계획에 집착하지 말라

새해를 시작하면서 세웠던 계획이 있는가? 나는 몇 달간 스페인에 머무르면서 스페인어도 배우고 새로운 일에 도전해보려고 했다. 여러 해에 걸쳐 스페인의 다양한 도시를 여행할 때마다 매번 고향에 온 것 같은 편안함을 느꼈기 때문이다. 2020년 초에는 꽤 구체적인 계획이 완성됐다. 장기간에 걸쳐 해야 하는 일은 모두 정리했고, 현지에 부동산을 알아보던 중이었다. 하지만 전 세계적인 팬데믹이 일어났고, 다른 모든 사람과 마찬가지로 나 역시도 계획을 수정해야만 했다. 전 세계 사람들이 강제로 스토아 철학 훈련을 할 수밖에 없게끔 만드는 일이 발생한 것이다. 에픽테토스가 철학 학교에서 제자들에게 말했던 바로 그런 상황이었다.

"배를 타고 여행을 하다가 해변에 정박했을 때는 경치를 감상하거나 조개껍데기를 줍거나 꽃을 따도 된다. 하지만 배에서 돌아오라는 신호가 울리면 하던 일을 그만두고 서둘러 배로 돌아가야 한다. 꾸물거리다가는 배를 놓칠 수도 있기 때문이다."

2020년이 딱 그런 순간이었다. 우리는 저마다 경치를 감상하거나, 조개껍데기를 줍거나 꽃을 따고 있었다. 이미 다음 기착지를 찾아보는 사람도 있었다. 그런데 배에서 갑자기 돌아오라는 신호가 울렸다. "여러분, 배가 곧 출항합니다."

우리는 살면서 수많은 계획과 목표를 세운다. 그러나 예상치 못한 일이 발생했을 때는 모든 것을 포기할 준비도 되어 있어야 한다. 그렇다면 2020년의 팬데믹은 어떤가? 정말 그 누구도 예상치 못한 일이었을까? 왜 우리는 코로나라는 대재앙에 무방비로 당한 것처럼 느껴지는 걸까? 팬데믹은 내가 인생에서 최초로 사랑하는 사람을 잃었을 때를 떠올리게 한다. 바로 할머니가 돌아가셨을 때다. 할머니는 돌아가시기 몇 년 전부터 건강이 좋지 않았다. 그런데도 막상 돌아가시자 그 충격은 이루 말할 수 없었다. 내가 스토아 철학에 입문하기 전에 겪은 일이었다. 그러나 스토아 철학을 접한 후 나는 인생을 대하는 마음가짐을 바꾸었다. 우리는 인생을 살다가도 돌아오라는 신호가 울리면 그 즉시 모

든 것을 포기할 수 있어야 한다. 가족, 친구, 경력, 사업, 취미, 자동차, 투자 등등 우리가 소중하게 여기는 것을 나열하자면 끝도 없다. 우리는 이러한 관계나 물건을 당연히 내 것이라고 여기며 살아간다.

하지만 사실 우리는 가진 것도 없고 빚진 것도 없다. 우리는 그저 이 땅에 잠시 머물다 가는 손님일 뿐이다. 이러한 사고방식은 내게 큰 도움이 되었다. 나는 인생에서 누리는 모든 것이 아는 사람에게 잠시 빌린 것이라고 생각하며 살아간다.

친구에게 빌린 물건을 어떻게 사용하는지 한번 생각해보라. 애착을 두진 않지만 함부로 다루지 않고 소중히 한다. 인생도 마찬가지다. 직업, (자가든 전세든) 집, 자동차, 재산, 심지어 모든 인간관계조차 내 것이 아니다. 이 세상에 내 것은 아무것도 없다. 말도 안 되는 소리처럼 들릴 수도 있다. 하지만 마음 깊은 곳에서는 이 말이 어느 정도는 사실임을 모두가 알고 있다. 그렇다고 해서 좋은 시간을 보내거나 다른 사람과 가까워질 필요도 없다는 뜻은 아니다.

어떤 이들은 스토아 철학자처럼 살거나 자신에게 집중하는 삶이 '위험하다'거나 '이기적이다'라고 생각한다. 스토아 철학을 이해하지 못한 데서 비롯된 생각이지만 이는 오해다. 스토아 철학자들은 친구와 가족을 매우 소중히 여겼다. 그들은 주변 사람들이 더 나은 삶을 살도록 돕는 일에 인생의 대부분을 바쳤다. 그게 이타적인 삶이 아니라면 도대체 무엇이 이타적인 삶이란 말인가. 주변 사람들이 더 행복하고 더 평온한 인생을 살도록 곁에서 용기와 의지를 북돋아줄 수 있다면, 모두가 더 나은 삶을 살게 될 것이다. 이렇게 의문을 갖는 사람도 있을 수 있다.

"그럼 결국 계획이나 목표는 무의미하다는 뜻 아닌가요? 모든 것이 빌린 것이라면 인생의 목적은 과연 무엇인가요?"

마음껏 계획하라! 우정, 커리어, 심지어 물질적 소유까지 누리고 싶은 만큼 누려라. 나도 좋아해 마지않는 것들이다. 나는 모든 것을 계획하기를 좋아한다. 다만 그 계획에 너무 집착하지는 말라. 계획은 언제든지 바뀔 수 있다는 사실을 유념하라. 에픽테토스가 말했듯이 배가 떠날 때를 대비하라. 연말과 새해 계획을 세우고 있다면 그 계획 또한 언제든지 틀어질 수 있다는 사실을 잊지 말라. 만약 그렇게 된다면 원래 계획은 재빨리 놓아버리고 새로운 계획을 세워라. 창의적인 사고방식과 열린 마음으로 주어진 상황에 맞춰 멈추지 말고 앞으로 나아가라.

마음껏 계획하라!
그러나 예상치 못한 일이 발생했을 때는
모든 것을 포기할 준비도 하라.

현실을 기꺼이 받아들여라

다들 사랑하는 사람에게 달갑잖은 선물을 받은 경험이 한 번쯤은 있을 것이다. 대학생 시절 만났던 여자친구에게 놀이공원 이용권을 선물로 받은 적이 있다. 사귄 지 얼마 되지 않았을 때라 서로에 대해 잘 알지 못했다. 솔직히 나는 놀이공원을 좋아하지 않았다. 당시 여자친구가 왜 그런 선물을 줄 생각을 했는지는 모르겠지만 지금 와서 생각해보면 꽤 근사한 선물이었다. 그런데 그때는 선물을 받자마자 인상을 찌푸렸다. 내가 별로 달가워하지 않는다는 사실을 여자친구도 바로 눈치챘다. 며칠 후, 나는 여자친구에게 이 놀이공원 이용권을 환불받을 수 있는지 물었다. 스토아 철학자의 마음가짐을 탑재한 채로 다시 한번 그때로 돌아갈 수 있다면 그런 어리석은 행동은 하지 않았을 것이다. 대신 싫은 내색 없이 여자친구와 놀이공원에 가서 즐거운 시간을 보냈을 것이다. 그랬다면 즐겁고 재미있는 추억으로 남았을지도 모른다. 무엇이든 경험해보기 전에는 알 수 없는 법이다.

마르쿠스 아우렐리우스의 《명상록》에는 인생에서 무슨 일이 일어나든지 받아들이라는 내용이 여러 번 나온다. 이는 스토아 철학의 핵심 주제이기도 하다. 그러나 스토아 철학자들은 외부에서 일어난 사건을 그대로 받아들이는 데서 한 걸음 더 나아갔다. 많은 사람들이 일 년 내내 맑은 날이 계속되기를 바란다. 그러다 비가 오면 마지못해 현실을 받아들인다. "맙소사, 또 비가 오네!" 부상, 상실, 경제, 다른 사람의 행동 등 우리가 통제할 수 없는 것은 받아들이고 살아갈 수밖에 없다. 중요한 것은 이러한 현실을 받아들이는 태도다. 우리는 대부분 다른 선택지가 없다는 이유로 어쩔 수 없이 현실을 수용한다.

반면에 스토아 학파는 처음부터 바라던 일이 일어나기라도 한 것처럼 현실을 수용한다. 이러한 미묘한 차이가 삶을 대하는 방식에 큰 영향을 미친다.

마르쿠스는 이러한 능력을 가리켜 "불만 없이 상황을 받아들이는 태도"라고 설명했다. 주어진 현실에 만족하고 무슨 일이 일어나든지 있는 그대로 수용하면 괴로울 일이 없다. '도대체 왜 나한테 이런 일이 일어난 거지? 왜 하필 비가 오는 거지? 도대체 왜 팬데믹이 발생한 거지? 도대체 왜 백신이 좀 더 빨리 보급되지 않은 거지? 도대체 왜 내 이메일에 빨리 답장을 안 하는 거지?' 우리는 이런 생각에 사로잡혀 정신적 에너지를 소모하곤 한다. 이런 생각은 현실을 받아들이지 못하거나, 마지못해 받아들이지만 마음속에는 불만이 가득하다는 신호다.

누구나 제 뜻대로 인생을 구축하고 싶은 욕구가 있다. 원하는 것은 얻어야 하고, 원치 않는 것을 피하려고 한다. 그러나 인생은 뜻대로 흘러가지 않을 때도 많다. 원치 않는 것을 얻게 되고, 피하고 싶은 결과를 피할 수 없는 경우가 심심찮게 발생하곤 한다.

원하는 대로 일이 풀리길 바라지 말고, 이미 일어난 일을 마치 원했던 것처럼 받아들여라. 내 마음을 속이는 일종의 속임수라고 할 수도 있지만 실제로 효과가 있다. 아우렐리우스의 생각도 다르지 않았다. "가진 것에 만족하고, 현재를 있는 그대로 받아들여라. 모든 것이 신의 선물이므로 그 자체로 선하고 영원히 그러할 것이라고 믿어라. 신들이 세상 만물을 선하고 정의롭고 아름답게 창조해 연결하고 포용했으며, 흩어진 조각을 모아 더 나은 모습으로 창조할 것임을 믿어라."

모든 것이 더 고차원적인 존재(그게 무엇이든지)의 선물이라고 믿으라는 부분이 나는 특히 마음에 든다. 물론 이러한 사고방식에 익숙해지기 위해서는 훈련이 필요하다. 처음에는 정신 나간 소리처럼 들릴 수도 있다. 나 역시 원치 않는 일까지 선물이라고 생각하라는 말은 아직도 온전히 이해하기 힘들다. 하지만 일단 시도해보라. 훨씬 더 편안한 마음으로 인생을 살아갈 수 있을 것이다. 마치 이 세상 그 무엇도 나를 해칠 수 없는 것 같은 기분이 들 것이다.

최악을 대비하라

"새해에는 새사람이 되자."

어리석은 결심이다. 마치 1월 1일이 되어야 비로소 변화할 수 있다는 말 같지 않은가. 하지만 많은 이들이 올해는 작년과 다를 것이라는 막연한 희망을 품고 새해를 기대한다.

나는 워런 버핏의 사고방식을 좋아한다. 워런 버핏이 회장이자 CEO를 역임하고 있는 버크셔 해서웨이는 보험 사업을 중심으로 한 복합 기업인데, 기업 전략 중 하나가 바로 최악의 상황에 대비하는 것이다. 보험사는 재해가 발생했을 때를 대비해 보험금을 지급할 수 있을 만큼 충분한 현금 또는 유동성을 확보해야 한다. 그렇지 못하면 파산하게 된다. 그렇다면 버크셔 해서웨이는 어떻게 대비를 하고 있을까? 이 보험사는 한두 가지 재난이 아니라, 네 가지 재난이 동시에 발생하는 상황까지 상정한다. 가령 캘리포니아에는 지진이, 루이지애나에는 초대형 허리케인이, 미네소타에는 눈 폭풍이 발생한 가운데 미국 전역에서 동시다발적으로 전력망을 겨냥한 사이버 공격이 발생하는 사태를 생각해보자. 이런 일이 동시에 벌어질 가능성은 희박하지만, 버크셔 해서웨이는 그런 시나리오까지도 준비한다.

가정이지만 실제로도 얼마든지 일어날 수 있는 일이다. 하지만 지금 당장 겁먹을 필요는 없다. 대신 여러 가지 재난이 동시에 발생하는 상황을 상정하고 그 대비법을 미리 생각해두는 것만으로도 실제로 나쁜 일이 생겼을 때 보다 냉정하게 대처하는 데 도움이 될 것이다. 살면서 나쁜 일은 언제든지 일어날 수 있다. 내 인생에서 할머니를 잃고, 여자친구와 헤어지고, 직장을 그만두고, 다른 나라로 이주하는 이 모든 일이 불과 3개월 동안에 벌어진 일임을 생각하면 말이다. 하지만 이 모든 것도 한순간이다. 마치 끝없이 오르락내리락하는 주식 시장처럼 말이다.

팬데믹 초, 거래 가능한 모든 자산군이 큰 폭으로 하락했다. 기술주부터 금, 비트코인까지 모든 것이 폭락했다. 하지만 1년이 지나기 전에 거의 모든 지수가 회복되었고, 이듬해에는 대부분의 자산이 사상 최고가를 경신했다.

미래에 무슨 일이 일어날지는 아무도 모른다. 좋은 일이 일어날 수도 있고 나쁜 일이 일어날 수도 있다. 미래를 지나치게 낙관적으로 바라보는 사람도 있다. "내년은 올해보다 훨씬 나아질 거야!" 그럴 수도 있다. 나도 기본적으로 긍정적인 마음가짐으로 살아간다. 낙관적으로 생각해서 손해 볼 것은 없다. 하지만 모든 것이 항상 좋아질 수만은 없다. 그러므로 가끔은 낙관론자들 사이에서 물을 흐리는 미꾸라지가 되는 것도 괜찮다. 다만 너무 앞서 나가지는 말라.

스토아 철학은 최악의 상황을 대비하는 데 도움이 되는 사고방식을 훈련해야 한다고 말한다. 가장 기본적인 방법 중 하나는 죽음과 상실에 대해 생각해보는 것이다. 예를 들어, 스토아 철학자들은 가까운 사람이 생을 마감하는 장면을 머릿속에서 상상하여 시각화하는 연습을 했다. 현재에 더 집중하는 데 매우 효과적인 훈련이다. 하지만 개인적인 경험에 비추어봤을 때, 이런 부정적인 시각화는 오히려 비생산적일 수도 있다. 너무 자주 하면 죽음에 무감각해질 수 있기 때문이다. 또는 이미 기분이 좋지 않은 상태에서 죽음을 떠올리면 우울감에 빠질 수도 있다. 스토아 철학을 훈련한 결과가 우울감이라면 결코 달갑지 않을 것이다.

대신에 불교 승려인 틱낫한 스님에게 배운, 약간 다르지만 아주 유사한 생각 훈련법이 있다. 실제로 불교와 스토아 철학 사이에는 유사점이 많다. 일단은 다음 방법을 시도해보라.

하루 중, 너무 많은 생각에 사로잡힐 때 자신에게 이렇게 말해보라. "사람은 병에 걸릴 수밖에 없는 존재다. 그러므로

언젠가는 반드시 병에 걸릴 것이다."

지금 건강할지라도 일 년에 한두 번쯤은 아프기 마련이다. 며칠 전 내가 그랬던 것처럼 발을 다칠 수도 있고, 장염에 걸릴 수도 있고, 독감에 걸릴 수도 있다. 또는 더 심각한 병에 걸릴 수도 있다. 이처럼 나쁜 상황을 상상하는 훈련에는 두 가지 목적이 있다. 첫째, 인생이 찬란한 날들로만 이루어져 있지 않다는 사실을 받아들이게 된다. 둘째, 시련은 결국 우리를 더 강하게 만든다는 것을 깨닫게 된다. 하지만 더 중요한 것은 최악의 상황을 대비하는 훈련이 지금 이 순간의 소중함을 더욱 크게 느끼게 해준다는 것이다.

자, 함께 시도해보자. 숨을 천천히 들이마시며 "사람은 누구나 병에 걸릴 수 있어"라고 말해보라. 이제 천천히 숨을 내쉬며 "그러므로 나도 언젠가 병에 걸릴 수 있어"라고 말해보자. 그러면 아프지 않은 이 순간에 감사하게 될 것이다. 지금 이 순간이 놀이터처럼 느껴질 때 인생은 더 즐거워진다.

풍성한 인생을 사는 법

"두려움 앞에서는 금방이라도 죽을 사람처럼 행동하고, 욕망 앞에서는 영원히 죽지 않을 사람처럼 행동한다. 밤을 기다리며 낮을 허비하지 말고, 날이 밝기를 두려워하며 밤을 허비하지 말라."

– 루키우스 안나이우스 세네카

현재에 충실하라

예전에 아주 친하게 지냈던 직장 동료 마이크와 무려 3년 만에 연락을 했다. 런던에서 마지막으로 만난 게 엊그제 같은데 벌써 수년이 흘렀다니 믿기지가 않았다. 통화를 마친 후 잠시 상념에 젖어들었다.

마이크와 나는 7년 전 같은 날에 입사했고, 곧 친구가 되었다. 우리 두 사람은 야심 차게 성공을 꿈꾸며 함께 발을 내디뎠다. 그러나 나는 심경에 변화가 생겨 직장을 그만두고 글 쓰는 길로 들어섰고, 마이크는 회사에 남았다. 이따금 옛일을 떠올려보면 이런 생각이 들곤 한다. '시간이 이렇게 빨리 지나가다니, 웃음도 안 나올 정도네.' 그 순간 나는 인생의 덧없음에 관해 세네카가 남긴 명언이 떠올랐다.

세네카는 인생은 얼마나 오래 사느냐가 아니라 주어진 시간을 어떻게 사용하느냐에 달려 있다고 말했다. "인생의 가치는 얼마나 오래 사느냐가 아니라, 어떻게 쓰느냐에 달려 있기에, 오랫동안 살았다고 해서 반드시 (현재를) 충분히 살았다고 할 수 없다는 사실을 가르쳐주시오."

우리는 때때로 현재에 집중하지 않고 미래를 바라보며 앞서 나가려고 한다. 더 나은 미래를 기대하며 지금 이 순간을 놓쳐버리기도 한다.

나는 타고나길 공상을 많이 하는 사람이다. 어릴 때부터 항상 미래의 내 모습을 꿈꾸곤 했다. 지금도 미래에 대해 많이 생각한다. 그러면 하루하루 최선을 다해야겠다는 의지와 의욕이 샘솟는다. 하지만 인생은 내일만 있는 것이 아니라는 사실도 잊지 않고 있다. 미래에 너무 집중하다 보면 세네카의 말처럼 현재를 충분히 살지 못하는 사람이 될 수 있기 때문이다.

막연히 미래의 무언가가 나를 완전하게 만들어줄 것이라는 생각으로 살아가는 사람은 결코 만족에 이를 수 없다.

이는 인생에서 가장 받아들이기 힘든 역설 중 하나다. 우리는 더 나은 미래를 위해 계획을 세우고, 자신에게 투자하고, 돈을 저

축해야 한다. 하지만 미래의 계획에 너무 큰 기대를 걸면 현재에 만족하지 못하거나 미래가 계획대로 흘러가지 않을 경우 크게 실망할 수 있다. 자칫 현재와 미래를 모두 놓치는 최악의 상황이 올 수도 있다는 뜻이다.

우리는 지금 당장 잘 살기를 원하지만, 죽음이 찾아왔을 때 "잠깐만요, 몇 달만 더 주세요. 새로운 사업을 시작하려던 참이었어요"라고 말할 수는 없다. 그럼에도 우리는 마치 시간이 무한한 것처럼 산다. 학위 취득, 주택 구입, 승진, 책 집필 등 우리는 목표를 좇아 인생을 살아가고 있다. 하지만 모두가 알다시피 인생은 영원하지 않다.

그렇다면 어떻게 해야 할까? 미래는 잊고 오늘만 살아가야 할까? 아니면 오늘은 잊고 미래를 향해 달려가야 할까? 쉬운 답은 없다. 인생은 계절처럼 끊임없이 변하기 때문이다. 대학에 진학할 때, 직장을 옮길 때, 사랑하는 사람과 이별했을 때 등등 살다 보면 미래에 더 집중해야 하는 시기도 있다.

하지만 대부분의 시간은 현재에 집중해야 한다. 인생이 짧아서가 아니다. 사실 보는 사람의 관점에 따라 인생은 짧게 느껴질 수도 있고 길게 느껴질 수도 있다. 중요한 것은 잘 사는 것이다. 재미있는 사실은 누구나 잘 산다는 것이 자신에게는 정확히 무엇을 의미하는지 알고 있다는 점이다. 우리는 하루하루 우리가 정의한 그대로 살아가기만 하면 된다. 그게 바로 잘 사는 삶이다.

행복을 위해 지혜를 추구하라

행복해지려면 무엇이 필요할까? 친구들과의 외출? 해변에서 마시는 맥주 한 잔? 많은 돈? 건강한 몸?

> 세네카는 전부 다 아니라고 말한다. "지혜를 추구하지 않는 삶은 행복할 수 없을뿐더러 견딜 수조차 없다."

개인적인 경험에 비추어 볼 때 100퍼센트 맞는 말이다. 주변에 정신적으로 힘들어하는 사람들이 그토록 많다는 사실을 알고 놀랐다. 건강하고 일자리가 있는 사람들도 삶이 힘들다고 불평을 늘어놓곤 한다. 그 마음을 이해 못할 바는 아니지만, 과거에는 훨씬 더 살기가 힘들었다는 사실을 기억해야 한다. 현대에 우리가 누리는 엄청난 기술의 혜택을 전혀 누릴 수 없었던 시절에는 삶이 얼마나 더 힘들었을지 상상해보라. 오해는 하지 말았으면 한다. 나 또한 인생이 좀더 나아졌으면 좋겠다고 생각하곤 한다. 그러나 바꿀 수 없는 현실에 대한 불평불만은 상황을 더 악화시킬 뿐이다. 행복해지고 싶다면 불평불만이야말로 가장 피해야 할 행동이다. 문제는 우리가 행복을 잘못 정의하고 있다는 사실이다.

그렇다면 행복이란 무엇일까?

나가서 저녁을 먹고 영화를 보는 것? 공연장에서 좋아하는 가수의 공연을 관람하는 것? 경기장에서 운동경기를 관람하는 것? 우리는 알고 있다. 애초에 진정한 행복은 저런 데서 찾을 수 없다는 사실을 말이다. 진정한 행복을 찾으려면, 지금과는 비교할 수 없을 만큼 힘든 시대를 살았던 스토아 철학자들의 조언에 귀를 기울여야 한다. 고대 로마에서는 많은 남성이 30세를 넘기지 못했다. 내가 만약 그 시절에 태어났다면, 지금쯤 이미 죽은 목숨일 것이다. 다소 불편하게 느껴질 순 있지만 이 사실을 되새기는 것만으로도 지금 주어진 삶에 감사하는 마음을 갖게 된다. 오늘날을 살아가는 우리에게도 여러 가지 힘든 문제들이 있겠지만, 그럼에도 불구하고 우리는 그렇게 나쁘지 않은 시대를 살아가고 있다.

그렇다면 어떻게 하면 행복하게 살 수 있을까? 스토아 철학은 인생을 바쳐 지혜를 추구하라고 말한다. 세상에서 가장 똑똑

한 사람이 될 필요는 없다. 지식과 지혜는 다르다. 지혜는 삶에서 의미를 찾는 것이다. 매일 아침 새로운 배움을 기대하며 설레는 마음으로 눈을 뜨는 것이다. 배움을 추구하는 것이야말로 세상에서 가장 신나는 일이 아닐까? 세상에 배울 것은 그야말로 넘쳐난다.

언젠가 〈나의 문어 선생님My Octopus Teacher〉이라는 다큐멘터리 영화를 본 적이 있다. 인간과 문어의 우정을 담은 영화였다. 잠깐, 뭐라고? 문어와의 우정? 그렇다. 바닷속을 헤엄쳐 다니는 다리 여덟 개 달린 바로 그 연체동물 말이다. 주인공은 무려 일 년 동안 이 문어 친구를 날마다 찾아간다. 이상하게 들릴지 모르겠지만 실제로 보면 정말이지 감동적이고 매혹적인 이야기다.

이 다큐멘터리 영화는 배움을 추구하는 것이 얼마나 중요한지를 단편적으로 보여준다. 주인공은 문어와 친구가 되기 전까지는 우울증을 앓고 있었다. 가정도 있었고 직업적으로도 성공했지만 삶의 의미를 찾지 못했기 때문이다. 하지만 이 다리 여덟 개 달린 바닷속 친구를 발견하면서 그에게 새로운 열정이 샘솟는다. 비가 오나 바람이 부나 폭풍우가 몰아치나 개의치 않고 매일 얼음장처럼 차가운 바닷물 속으로 몸을 던진다. 이 새로운 친구에 관한 모든 것을 알고 싶었기 때문이다. 우리도 그렇게 될 수 있다. 물론 바닷물에 뛰어들어 연체동물과 친구가 되라는 말은 아니다. 뭐든지 새로운 것을 배워라. 당신의 호기심을 자극하는 주제에 몰입하라.

- 인생을 바쳐 지혜를 추구하라. 그것만이 행복한 삶을 살 수 있는 유일한 길이다.

게다가 지혜를 추구하는 일은 시간과 장소를 가리지 않는다. 또다시 팬데믹이 찾아와 집안에만 갇혀 있게 되더라도 지혜는 얼마든지 추구할 수 있으니, 이 얼마나 다행한 일인가!

하기 싫어도 해야 하는 일에 최선을 다하라

요즘 들어 생산적인 삶을 비판하는 글을 많이 접한다. 특히나 팬데믹 이후로 경력이나 일을 우선시하는 삶의 어두운 단면에 관한 글이 눈에 띄게 많아지기 시작했다. 얼마 전에 읽었던 기사 제목은 "생산성을 중시하는 시대의 종말인가?"였다. 시기상 적절한 논제였다. 평생 일만 하면서 전력을 다해 앞만 보고 달리는 사람이 많다. 그런 사람들은 지칠 대로 지쳐 움직일 수 없을 때까지 열심히 일하는 경향이 있다. 그래서 "천천히, 조금 덜 일해도 괜찮아" 같은 현자들의 조언이 필요하다. 반드시 생산성만이 인간으로서의 가치를 증명하는 길은 아니라는 사실을 기억해야 한다.

마치 뭐든지 적당히 해야 한다고 말하는 지혜로운 할아버지 입에서나 나올 법한 말이라는 생각이 드는가? 하지만 인생을 잘 살고자 한다면 반드시 새겨들어야 할 최고의 조언이다. 그렇기에 아주 오래전부터 전해져 내려오는 말이기도 하다. 스토아 철학은 일과 휴식에 관해서는 언제나 균형을 강조했다. 과로하지 말자. 그러나 게으름을 부리지도 말자. 그랬다가는 무질서와 혼란에 지배당할 테니까.

이는 집을 관리하는 일과 비슷하다. 청소나 정리를 게을리하면 결국 사람이 도저히 살 수 없는 집처럼 되어버리고 만다. 마찬가지로 우리의 몸과 마음도 끊임없이 돌보지 않으면 어느샌가 어딘가 아프거나 정신적으로 불안정한 상태가 되고 만다.

균형을 유지하려면 하기 싫어도 해야 하는 일이 있다.

외면하고 싶은 사실이다. 하기 싫은 일을 하라는데, 좋아할 사람이 어디 있겠는가? 하루도 빠지지 않고 운동하고 싶은 사람이 얼마나 되겠는가? 오래된 불편한 관계를 개선하기 위해 노력하거나, 어린 시절부터 계속된 온갖 나쁜 습관을 인정하고 고치고 싶어 하는 사람은 또 얼마나 되겠는가? 누가 하루 종일 쉬지 않고 일해 경력을 쌓거나, 낯선 사람들과 함께 힘들게 회사를 차리고 싶겠는가?

하지만 우리 모두 알고 있다. 해야 할 일을 하지 않으면, 건강도 인간관계도 삶도 점점 엉망진창이 될 뿐이라는 것을. 인생에서 돌봄 없이 저절로 굴러가는 일은 아무것도 없다. 식물에 물을 주지 않으면 어떻게 되겠는가? 엔진오일을 주기적으로 갈아주지 않으면 자동차는 어떻게 되겠는가?

물론 사람들이 생산성에 치우친 문화를 비판하는 이유를 이해 못하는 바는 아니다. 동기부여 전문가인 게리 베이너척에게 "아니, 난 그렇게 죽어라 열심히 살기 싫으니까 저리 가!"라고 말하고 나면 통쾌할 수도 있다. 마치 체육시간에 버벅거리는 우등생을 보고 단체로 비웃는 것과 비슷한 심리일 것이다. 그러나 그렇게 비판하는 사람들도 스스로를 돌아볼 필요가 있다. 너무 많이 일하지 말고 쉬라고 부르짖는 이들도 정작 본인은 매일매일 새로운 콘텐츠를 부지런히 업데이트하지 않는가? 어쩌면 우리는 생산적인 삶이 가져다주는 이점을 제대로 인식하지 못하고 있는 것일지도 모른다. 물론 무리해서 일하면 안 되겠지만 적당한 생산성은 분명 인생에 도움이 된다.

스토아 철학자들이 일과 삶을 바라보는 관점에는 배울 점이 많다. 그들은 항상 최선을 다하라고 말한다. 에픽테토스는 듣기 좋은 말로 포장하기보다는 단도직입적으로 말하는 것을 즐겼다. "게으름 부리지 말고 변명을 늘어놓지 말라. 그런 식으로 살면 당장의 부족함을 숨길 수 있을지 몰라도 결국에는 보잘것없는 삶을 살게 될 것이다. 어른이라면 모름지기 하루하루 더 나은 사람이 되는 일에 남은 인생을 바치겠다고 결단하라."

　스토아 철학은 어른이라면 마땅히 해야 할 일이 있고 그 책임과 의무를 다하는 것이 중요하다는 사실을 항상 강조했다. 하지만 여기서 주목해야 할 사실이 있다. 스토아 철학은 결과에 연연해서는 안 된다고 당부한다. 결승선을 보지 말고 한발 한발 앞으로 나아가는 자신의 발걸음에만 집중하라는 것이다. 그렇지 않으면 예기치 못한 바나나 껍질을 밟고 미끄러질 위험이 있다. 열심히 일했는데도 부자가 되지 못했다고 해서 실망하지 말라. 때로는 잘 풀리지 않을 수도 있는 것이 인생이다. 마르쿠스 아우렐리우스도《명상록》에서 비슷한 이야기를 했다.

　"열심히 노력해도 상황에 따라 결과가 좋지 않을 수 있으니,

불가능한 목표를 세우지 말라."

우리는 매 순간 통제할 수 없는 수많은 외부적인 요인에 영향을 받으며 살아간다. 열심히 일해도 인정받지 못할 수도 있다. 갑자기 병에 걸릴 수도 있고, 사랑하는 사람을 잃을 수도 있다. 자연재해에 휩쓸릴 수도 있다. 이게 당장 나의 일이 될 수도 있다는 사실을 모두 알고 있다. 그런데도 우리는 여전히 완벽해야 한다는 압박감을 느끼며 살아간다. 완벽할 필요는 없다는 사실을 끊임없이 되새기자. 아우렐리우스는 불가능한 것을 목표를 가지지 말라고 했지만 21세기를 살아가는 우리는 늘 불가능한 것을 목표로 살아간다.

우리는 모든 것을 얻고자 한다. 그리고 모든 것을 얻지 못하면 좌절한다. 그건 인생을 잘 사는 법이 아니다.

차라리 아무것도 기대하지 않는 편이 훨씬 낫다. 다만 어른이라면 마땅히 열심히 살아야 한다. 보상을 받든 못 받든 열심히 사는 그 자체에 가치가 있다는 사실을 기억하라. 완벽을 추구하거나 지나친 기대로 스스로 부담을 지우기보다는, 주어진 삶을 최선을 다해 살아가는 것만으로도 충분하다.

인생에서 돌봄 없이
굴러가는 일은 없다.

무소유를 즐겨라

나는 미니멀리즘을 추구한다. 너무 많은 물건을 소유하면 우리의 인생도 정리정돈이 잘 되지 않는다. 가만히 생각해보면 우리가 실제로 소유하고 있는 것은 아무것도 없다. 우리는 우주에 존재하는 이 작고 신비로운 행성에 잠시 다녀가는 손님일 뿐이기 때문이다.

몇 주 전에 타던 차를 팔면서 잠깐이지만 아쉬운 마음이 들었다. 하지만 내 생활 반경은 거의 집 근처를 벗어나는 일이 없기에 평소에 차를 쓸 일이 드물었다. 필요하면 자전거를 타거나 앱으로 자동차나 스쿠터를 대여할 수 있으므로 불편함을 느낄 일도 별로 없다.

차를 팔면서 그 차가 원래부터 내 것이 아니었다는 사실을 문득 깨달았다. 그러니 아쉬워할 필요도 없었다. 단지 몇 년 동안

돈을 주고 사용했을 뿐이다. 나는 차를 잃은 것이 아니다. 원래 소유하지 않았던 것을 잃을 수는 없다.

물론 나도 처음부터 이렇게 생각했던 것은 아니다. 난생처음 산 자동차를 팔았을 때는 정말 기분이 별로 좋지 않았다. 이상하게 들릴 수 있지만, 그 차와 뭔가 교감을 나누었다고 느꼈기 때문이다. 좋은 추억도 정말 많았다. 여자친구와 처음으로 여행을 가던 날, 처음으로 문신을 하러 가던 날, 대학교 입학식 날, 친구들과 보낸 수많은 즐거운 밤에도 항상 그 차와 함께였다.

몇 년 동안 잘 몰고 다니다가 스무 살 무렵이 되자 너무 낡아서 유지비를 감당할 수 없는 지경에 이르렀다. 하지만 워낙 애착이 강해서 차마 직접 그 차를 팔 수가 없었다. 온라인에 자동차를 판매한다는 글을 올리고 나서 아버지에게 구매자가 나타나면 거래를 해달라고 부탁하면서 이렇게 말했다. "차를 넘겨줄 때 저는 그 자리에 있고 싶지 않아요. 어디 다른 데 가 있다가 거래가 끝나면 돌아올게요."

눈물 없인 볼 수 없는 이별이었다. 심지어 그 차에 관한 가사를 써서 온라인 힙합 커뮤니티에 올리기도 했다. 첫 차를 첫 여자친구에 비유해서 썼던 것 같다. 물론 당시 여자친구는 자신을 차랑 동급으로 여긴다는 사실을 마음에 들어 하지 않았다. 지금은 그 심정을 충분히 이해한다. 하지만 스무 살의 나는 아니었다.

당시 그 차는 내게 분신이나 마찬가지였다. 물론 말도 안 되는 소리지만 그때는 그랬다. 에픽테토스는 소유에 관해 이렇게 말했다. "우리가 진정으로 잃는 것은 아무것도 없다. 왜냐하면 애초에 소유한 것이 없기 때문이다. 우리가 가진 모든 것은 임시로 보관하는 것일 뿐이다. 따라서 '무엇을 잃었다'고 말하지 말라. 그저 때가 되어 돌려주었을 뿐이다."

이 세상에서 우리가 진정으로 소유한 것은 아무것도 없다. 미니멀리스트가 되어 아무리 적은 물건을 갖는다고 해도, 결국에는 아예 없는 것이다.

이러한 까닭에 나는 더 이상 내가 얼마나 많은 물건을 소유하고 있느냐에 집착하지 않는다. 애초에 내 소유는 아무것도 없으므로 집착할 대상도 없다. 단지 이 땅에 머무는 동안 가진 것을 누리면 그만이다. 물건뿐만 아니라 사람도 마찬가지다. 에픽테토스는 이렇게 말했다. "배우자가 죽었는가? 원래 자리로 돌려보낸 것뿐이다." 너무 극단적인 예시라는 생각이 드는가? 사랑하는 사람을 잃었을 때, 사람들은 흔히 상실감에 집중한다. 그러나 이는 죽음을 대하는 좋은 방법이 아니다. 그렇다고 해서 스토아 철학자들이 사랑하는 사람의 죽음을 슬퍼하지 않았다는 뜻은 아니다. 그저 죽음을 달리 바라보았을 뿐이다. 사랑하는 사람과 함께할 수 있다는 건 인생에서 누릴 수 있는 크나큰 특권이다. 그러므로 사랑하는 사람과 함께 시간을 보낼 수 있다는 사실에 감사하며 이를 당연히 여기지 말라.

사람은 누구나 언제든지 우주든 천국이든 각자가 믿는 그곳으로 돌아갈 것이다. 에픽테토스처럼 인생을 잠시 머물다 가는 호텔처럼 생각해보는 것은 어떨까? 정확히 언제 체크아웃을 해야 하는지는 누구도 알 수 없다. 그러니 머무는 동안 즐겨라.

잃은 것이 아니다.
그저 때가 되어 돌려주었을 뿐이다.

지금 이 순간을 만끽하라

나이가 스물다섯 살이든 여든다섯 살이든 남은 인생이 짧게 느껴지는 것은 매한가지다. 여든다섯 살이 되어도 하고 싶은 일은 많다. 손자가 있다면 그 손자가 자라서 결혼을 하는 모습도 보고 싶고, 아이를 낳는 모습도 보고 싶다. 스물다섯 살에는 하고 싶은 일, 아직 못해본 일이 너무 많아서 200년을 산다고 해도 모자랄 지경이다. 나이에 상관없이 인생에는 언제나 미련이 남는다.

철학자이자 황제였던 마르쿠스 아우렐리우스도 당대 가장 큰 제국을 통치하던 시절에 이러한 사실을 깨닫고 일기장에 "남은 시간이 길지 않다"라고 썼다.

그렇다면 아우렐리우스가 이 가혹한 현실을 받아들이는 방식은 어땠을까? "광야에 홀로 남겨진 것처럼 살아라. 여기나 저기나 다 똑같다. 당신이 지금 살고 있는 도시가 곧 당신의 세계다. 자연스럽게^{naturally} 살아가는 사람들을 보면서 산다는 것이 무엇을 의미하는지 이해하도록 노력하라." 이게 무슨 뜻일까? 아쉽게도 아우렐리우스는 '자연스럽게' 산다는 것이 정확히 무슨 뜻인지에 대한 자세한 설명은 남겨놓지 않았다. 하지만 그가 남긴 다른 글을 읽어보면, 그가 말하는 '자연'이란 우리가 경험하는 세상과 하나됨을 뜻하는 것이 아닐까 싶다.

마음속에 있는 죽음을 두려워하는 마음을 가만히 살펴보자. 죽음은 왜 두려울까? 죽기 전에 아직 하고 싶은 일이 많기 때문이다. 가보고 싶은 곳, 배우고 싶은 것, 이루고 싶은 목표 등 무언가에 대한 끊임없는 욕망은 '여기(현재)'와 '저기(미래)' 사이에 간극이 있음을 의미한다. '여기'는 우리가 지금 있는 곳이다. 부유하든 가난하든, 몸매가 좋든 나쁘든, 여행 경험이 많든 적든, 현재의 모습이 '여기'다. 그리고 '저기'는 우리가 가고 싶은 곳이다.

우리는 여기와 저기 사이에 놓인 공간에서 인생의 대부분을 살아간다. 하지만 그 공간은 머물러서는 안 될 곳이다. 현재와 미래 사이에 갇힌 공간이기 때문이다. 슬프지 않은가? 우리는 미래로 가기 위해 현재를 흘려보내기만 한다.

아우렐리우스가 "여기나 저기나 다 똑같다"고 말한 것은 바로 이런 의미라고 생각한다. 내가 사는 곳이 곧 세상이다. 다시 말해, 우리가 어디에 있든 무엇을 하든 그 순간이 우리가 가진 유일한 순간이다. 그러니 그 순간을 최대한 활용하라. 아우렐리우

스가 말했듯이 광야에 홀로 남겨진 것처럼 살아가라. 광야에 홀로 있을 때는 오직 생존을 위해 눈앞에 있는 것에만 집중하게 되므로 완벽하게 행복하고 만족스러운 미래를 공상하지 않게 될 것이다. 하지만 너무나도 많은 사람이 현재를 살기보다 미래를 기다리며 평생을 대기실에서 보낸다.

우리는 완벽한 직장을 얻고, 완벽한 집을 사고, 완벽한 연인을 만나고, 완벽한 학위를 딸 때까지 기다리고 또 기다린다.

하지만 기다리는 동안 우리는 계속 오늘을 낭비하고 있는 것과 마찬가지다. 그리고 매일 그렇게 살다 보면 결국에는 인생 전체를 낭비하게 된다. 그러지 않으려면 어떻게 해야 할까? 쉴 틈 없이 서두르는 것을 멈춰야 한다. 인생이 영원하지 않다는 사실을 감안하면 역설적으로 들릴 수도 있을 것이다. '짧은 인생, 뭐든지 쉬지 말고 해야 맞는 거 아닌가?' 친구들과 볼링장에 갈 때를 떠올려보자. 처음 몇 게임은 여유를 가지고 자기 리듬에 맞춰 플레이한다. 하지만 시간이 다 되어 다음 차례의 사람들이 바로 옆에서 기다리고 있으면 게임의 흥분과 재미는 모두 사라지고, 서둘러 게임을 끝내야 한다는 생각에 조급해진다. 인생을 이렇게 살아서는 안 된다.

할 일을 무작정 빨리 끝내려고만 하지 말라. 그렇게 사는 인생에 무슨 의미가 있겠는가?

지금 이 순간을 만끽하라! 인생이 얼마나 남았든 그것만으로 충분하다.

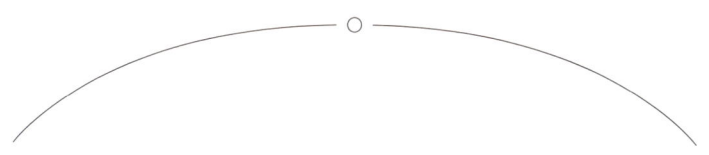

더 나은 내가 되는 법

"발전은 운이나 우연으로 이루어지지 않는다. 매일매일 자기 자신을 갈고닦을 때 이루어진다."

– 에픽테토스

적당한 노력이 더 오래 간다

에픽테토스의 스승이었던 무소니우스 루푸스는 오늘날에는 잘 알려져 있지 않지만, 1세기 로마에서는 가장 인기 있고 유명한 철학자였다. 무소니우스는 인생을 잘 살기 위해 무엇을 해야 하는지에 대해 고민했다. 그리고 자신을 단련하는 것이 가장 중요하다는 결론을 내렸다. 이후 철학 학교를 설립해 수많은 강연을 하면서 무소니우스는 배운 것을 실천하는 것이 중요하다며 끊임없이 강조했다.

정신적으로 강해져야 한다고 말하는 것만으로는 충분하지 않다. 고난을 견디는 데 능숙해지려면 끊임없이 스스로를 단련해야 한다. 모름지기 인생이란 고난의 연속이므로 평소에 회복 탄력성을 길러 놓아야 한다. 무소니우스는 이렇게 말했다.

"추위, 더위, 갈증, 허기, 불편 등 쾌락을 절제하고 고통을 견디는 일에 익숙해질 때 우리는 영혼과 육체를 단련할 수 있다."

스토아 철학자들은 인생을 제대로 살기 위해서는 정기적으로 신체를 단련하는 것처럼 정신도 꾸준히 단련해야 한다는 사실을 깨달았다. 단지 인생 교훈을 몇 개 읽고 뭔가 느꼈다고 해서 항상 그 교훈을 따라 살기를 기대할 수는 없다. 다른 사람은 어떤지 모르겠지만 나는 어떻게 해야 인생을 잘 사는 것인지를 자주 잊어버리곤 한다. 평소에 충분히 되새기지 않으면 명상이나 독서를 게을리하게 되고 소소한 일상의 즐거움도 등한시하게 된다. 체력과 건강 또한 마찬가지다. 평소에 단련하지 않으면 신체 능력은 서서히 떨어지게 된다. 서너 번의 훈련만으로 그 효과를 영원히 유지할 수 있으면 더할 나위 없이 좋겠지만, 몸도 마음도 그런 일은 불가능하다.

나는 세네카가 친구 루킬리우스에게 보내는 편지 중에서 운동에 대해 조언한 부분이 마음에 든다. "간편하면서도 몸을 빠르게 단련할 수 있는 간단하고 쉬운 운동들이 있다. 달리기, 아령 들고 팔 움직이기, 제자리높이뛰기가 그것이다." 당시에 피트니스 프로그램이 있었을 것 같진 않지만, 고대 로마인들은 몸매 관리를 매우 중요하게 생각했던 것 같다.

그러나 세네카는 이렇게 덧붙이기도 했다. "어떤 운동을 하든, 몸에서 마음으로 빨리 돌아오라. 밤낮으로 마음을 단련하라. 적당한 노력이 마음을 단련시켜줄 것이다." 여기서 핵심은 '적당한 노력'이다.

적당한 노력을 꾸준히 기울이면 강인함을 유지하고 키워나갈 수 있다.

이는 몸과 마음 모두에 해당하는 말이다. 스토아 철학에서 지혜를 습득했다면, 그 지혜를 유지하는 것이 중요하다. 스토아 철학에 관한 책을 꾸준히 읽고, 그 원칙을 꾸준히 되새겨라. 그래야만 지혜를 지킬 수 있다. 그리고 그 과정에서 새로운 지식을 배울 수 있다면 더할 나위 없이 좋다. 사실 원하든 원치 않든 우리는 끊임없이 새로운 것을 배우게 마련이다.

몸도 마찬가지다. 사회는 우리에게 '보다 큰, 보다 나은, 보다 강한' 것을 추구하라고 압박하지만, 그것은 현실적인 목표와는 거리가 멀다. 오히려 "나는 강해질 것이고, 어느 정도 강해진 다음에는 그 상태를 유지할 것이다. 굳이 더 강해지려고 노력하지 않아도 된다"라고 말하는 편이 훨씬 더 현실적이다.

'나는 할 수 있다, 성장을 위해 노력하자' 같은 긍정적인 자기 암시가 효과가 있을 수도 있다. 하지만 우리는 이러한 사고방식

이 지속가능하지 않다는 사실을 이미 잘 알고 있다. 매일 조금씩이지만 자신을 밀어붙이다 보면 어느 순간 벽에 부딪히게 된다. 바로 그때 우리는 멈춰 서고 만다. 그러면 지혜나 힘을 상실하게 된다. 이런 상황을 피하려면 지금 가지고 있는 것을 유지하려고 노력해야 한다. 스토아 철학자들처럼 적당히 노력하라. 적당히 노력하는 것이 결코 잘못된 것은 아니다. 실제로 내 경우에 적당한 노력이 지속가능한 경력을 쌓는 데 도움이 되었다. 너무 무리하지 않고 조금씩 꾸준히 해나가는 것. 모든 것은 그렇게 쌓여 간다.

이미 가진 것을 활용하라

우리가 가진 것에 얼마나 빨리 익숙해지는지 알아차린 적이 있는가? 누구나 이것 없이는 살 수 없다고 생각하는 물건이 있다. 나는 일주일 동안 여러 개의 신발을 번갈아 신는다. 달리기할 때 신는 신발, 산책할 때 신는 신발, 웨이트 트레이닝을 할 때 신는 신발, 모임이 있을 때 신는 신발 등 용도에 따라 달리 신는다. 하지만 여행이나 휴가를 갈 때는 이 신발을 전부 가져갈 수 없다.

여행을 떠날 때는 보통 좋아하는 운동화를 신고 다른 운동화를 한 켤레 더 챙겨 가는 정도다. 떠나기 직전까지도 항상 이것저것 전부 다 챙겨 갈 수 있으면 좋겠다고 생각한다. 하지만 막상 여행지에 도착하면 신발이 여러 개 있지 않아도 전혀 문제가 없다는 사실을 깨닫게 된다. 신발뿐만이 아니다. 평소에 우리가 꼭 필요하다고 생각하는 다른 물건들도 마찬가지다. 이와 관해 세네카가 남긴 명언이 있다.

"막상 없이 살아도 별다른 불편함을 느끼지 않을 때 비로소 그다지 필요하지도 않은 물건을 얼마나 많이 끌어안고 사는지를 깨닫게 된다. 우리는 그 물건들이 필요해서가 아니라 단지 가지고 있어서 사용할 뿐이다."

꼭 필요해서가 아니라 단지 가지고 있기 때문에 사용하는 물건이 얼마나 많은지 한번 생각해보자. 좋아하는 머그잔처럼 유달리 아끼는 물건이 없는 삶을 상상하기란 쉽지 않겠지만, 일단 집을 떠나면 그것이 없어도 여전히 잘 살 수 있다는 사실을 깨닫게 된다. 머릿속에 '없으면 살 수 없을 것 같은' 물건이 너무 많이 떠오른다면, 물건에 지나치게 얽매여 살고 있다는 뜻이다.

정말로 없으면 살 수 없는 것은 물, 음식, 잠자리 같은 아주 기본적인 의식주에 관련된 것들이다. 그밖에 나머지는 전부 선택 사항이다. 물건에 대한 집착을 버리면 우리는 두 가지 경험을 하게 된다.

먼저 물건에 의존하지 않게 된다. 이따금 우리는 보석, 신발, 옷, 가방 같은 물건을 정체성의 일부로 여기기도 한다. 하지만 무엇을 소유하고 있느냐로 우리가 누구인지를 정의할 수는 없다. 모든 물건은 살면서 잠시 가지고 있는 것에 불과하다. 두 번째로,

현재 가진 것에 감사하게 된다. 심리적으로 의존하던 것들이 (잠시) 우리 인생에서 사라지고 나면, 그제야 비로소 그동안 가진 것에 충분히 감사하지 못했음을 깨닫게 된다. 그러니 오늘 우리가 가진 것에 감사하는 마음을 가져보자.

이미 가진 것을 충분히 활용해야 한다. 인생에서 중요한 것은 우리가 무엇을 가지고 있느냐가 아니라, 우리가 가진 것으로 무엇을 하느냐다.

우리는 그 물건들이 필요해서가 아니라
단지 가지고 있어서 사용할 뿐이다.

실수에서 교훈을 찾아라

살면서 굳이 뼈아픈 교훈을 얻지 않고도 피할 수 있는 실수가 많다. 가령 주식 투자로 돈을 버는 것이 쉽지 않다는 사실은 전 재산을 잃지 않고도 알 수 있다. 인간관계나 창업 등 다른 여러 분야도 마찬가지다.

하지만 아무리 노력해도 피할 수 없는 실수도 있다. 인간 본성에 관한 책을 수없이 읽고 심리학을 열심히 공부해도 사기꾼에게 당할 수 있다. 다치지 않는 방법에 관한 조언이 담긴 유튜브 동영상을 아무리 많이 시청해도 다칠 수 있다.

지난주에 나는 허리를 다쳤다. 전적으로 내 잘못이었다. 평소보다 운동도 더 많이 한 데다가 여행까지 다녀온 터라 몸에 무리가 가 있는 상태였다. 자세도 신경 쓰지 않았다. 부상을 당하기 전 며칠 동안은 매일 하던 스트레칭도 건너뛰었다. 그러다 여행을 마치고 돌아와 부모님 집에 잠시 방문했는데 그만 허리를 삐끗하고 만 것이다. 몸 상태는 더할 나위 없이 좋았다. 그런데 부모님이 키우시는 고양이 아치볼드를 안아 올리자마자 왼쪽 허리에 찌릿한 통증이 느껴졌다.

열여섯 살 때부터 허리가 별로 좋지 않았지만, 10년 정도는 큰 문제가 없었다. 하지만 몇 가지 작은 실수가 모여 순식간에 허리를 다치고 말았다. 똑바로 서 있을 수조차 없었다. 며칠이 지난 후 나아지긴 했지만 돌이켜 생각해도 아찔하다.

이번 일은 평소 습관을 되돌아보는 계기가 되었고, 작은 실수가 쌓이면 큰 실수가 된다는 깨달음도 얻었다. 평소에 바른 자세를 유지하고, 여행 중에 너무 무리하지 않았다면 충분히 피할 수 있었던 일이다. 하지만 습관을 무시하면 그 대가를 치르게 된다는 교훈을 얻었다. 나는 이렇게 실수를 할 때마다 인생에서 무엇이 중요한지를 다시금 생각해볼 기회로 삼는다.

'친구나 가족과 충분한 시간을 함께 보내고 있는가?', '나는 끊임없이 배우고 성장하고 있는가?', '건강한 몸매와 건강한 식단을 유지하고 있는가?', '잠은 잘 자고 있는가?' 등등.

정기적으로 스스로를 점검해보자. 일 년에 한 번씩만 살펴보더라도, 내가 올바른 길로 나아가고 있는지 확인할 수 있다.

세네카가 말했듯이 우리는 사는 동안 계속해서 배운다. "실수를 하면서 어떻게 살아야 하는지를 배우는 것은 인간적이지만, (실수를) 되풀이하는 것은 어리석은 일이다." 어떻게 살아야 하는지를 배우는 것은 지극히 개인적인 문제다. 우리는 각자에게 맞는 방법을 배워가야 한다. 그리고 그것은 깨어 있는 삶을 살 때에만 가능하다. 소크라테스가 "성찰하지 않는 삶은 살 가치가 없다"라고 말하면서 철학은 시작되었다. 살아 있는 한 스스로를 계속 점검하라. 실수를 저질렀을 때는 수렁에 빠지지 말고, 어떻게든 실수에서 교훈을 찾아라.

실수를 하면서 어떻게 살아야 하는지를
배우는 것은 인간적이지만, 실수를
되풀이하는 것은 어리석은 일이다.

혼잣말도 긍정적으로 하라

평생 건강하게 살다가 어느 날 갑자기 질병이나 부상으로 통증을 달고 살게 되면 육체적으로도 정신적으로도 큰 타격을 받는다. 나는 지금 2년째 감염 후 과민성 대장 증후군으로 고생하고 있다. 극심한 복통이 며칠, 심하면 몇 주 동안 이어진다. 처음에는 독감에 걸렸을 때나 다쳤을 때 하는 혼잣말을 하며 견디곤 했다. "그냥 좀 쉬자. 마음 편히 운동 좀 덜 하고 푹 쉬면 금방 나을 거야."

이는 현재 상태를 있는 그대로 받아들이는 수동적인 마음가짐이다. 하지만 장기간 지속되는 문제에 있어서 이러한 마음가짐은 오히려 해가 된다. 사람들은 이따금 지나치게 소극적인 태도로 인생에서 일어나는 문제를 해결할 생각 없이 내버려둘 때가 있다. 내가 겪은 과민성 대장 증후군으로 인한 복통도 마찬가지였다. 그러다가 더 이상은 참기 힘들다는 생각이 들었고, 나에게 되뇌는 혼잣말을 바꾸었다.

인생을 소극적으로만 살 수는 없다. 정면으로 맞서자.

정신적으로나 육체적으로나 직업적으로나 적극적인 사고방식은 늘 효과적이다. 나는 이제 이렇게 말한다. "배가 아픈 것 정도는 이겨낼 수 있어. 아프다고 해서 다 포기하고 침대에만 누워 있진 않을 거야. 고통에 맞서야겠어."

고통에 정면으로 맞서겠노라 혼잣말을 하고 나면, 실제로 힘이 난다. 물론 내게 효과가 있다고 해서 모두에게 효과가 있다거나 나처럼 해야 한다는 뜻은 아니다. 여기서 하고자 하는 말은 우리에게는 혼잣말을 바꿀 수 있는 힘이 있다는 것이다. 내 머릿속의 목소리가 인생에 방해가 된다고 느껴진다면, 그 목소리를 바꿀 힘 또한 자신에게 있다는 사실을 기억하라. 감정, 고통, 약함 그리고 가장 쉬운 길로 가고자 하는 본능에 굴복할 필요는 없다. 인간은 이성적으로 생각할 수 있는 힘을 가진 존재다. 이는 스토아 철학의 근본적인 신념이기도 하다. 세네카는 이렇게 말했다.

"인간은 이성적인 동물이다. 인간의 '선함'은 완벽한 이성에서 비롯된다. 그러므로 그 이성을 활용하여 목표를 추구하고, 가능한 한 끊임없이 발전시켜 더 나은 방향으로 성장하라."

우리에게는 부정적이고 전혀 도움이 되지 않는 혼잣말이 튀어나올 때 이를 바꿀 수 있는 이성이라는 능력이 있다. 완벽한 이성에 도달하기란 불가능하지만, 스토아 철학의 핵심은 가능한 한 완벽에 가까워질 수 있도록 노력하는 것이다. 스토아적 가치에 따라 산다고 해서 우리에게 항상 긍정적이고, 어떠한 역경이든 곧바로 딛고 일어서고, 단 한 순간도 나약함에 빠지지 않기를 기대하는 사람은 아무도 없다. 그건 현실적으로 불가능하기 때문이다. 하지만 최선을 다해 가장 신뢰할 수 있는 사람이 되고자 노력하는 것은 현실적으로 가능한 목표다.

우리는 우리가 생각하는 것보다 강하다는 사실을 잊지 말라. 비록 내면에서는 항상 편안함을 추구할지라도 막상 어려움이 닥치면 견뎌낼 수 있다. 나는 과민성 대장 증후군을 앓으면서 실제로 이를 경험했다. 편안함을 추구할수록 고통은 더욱 커졌다. 아프다고 운동을 하지 않으면 복통은 더 심해지곤 했다. 운동은 장 건강을 개선하는 데 도움이 된다. 특히 달리기는 매우 효과적인 운동이다. 배가 아프고 팽만감이 느껴질 때 달리기란 정말 쉽지 않다. 하지만 꾹 참고 달리다 보면 증상이 완화되기 시작한다.

물론 누구에게나 적용되는 방법은 아니다. 나는 시행착오를

겪으면서 내게 맞는 운동법을 찾아냈다. 나는 적극적으로 움직일수록 증상이 호전되는 경우였다. 이제 내 목표는 운동을 꾸준히 하면서 정신적으로 강인함을 유지하는 것이다. 당연히 완벽해질 수는 없다. 고통이나 인생의 여러 가지 문제에서 완전히 자유로워질 수도 없다. 그러나 스토아 철학자들처럼 완벽을 지향할 수는 있다. 더 나은 사람이 되고자 노력하는 이가 더 나쁜 사람이 되는 경우는 없다.

배운 것은 행동으로 옮겨라

나는 요즘 지혜를 얻는 것과 지혜를 실천하는 것에 대해 많이 생각하고 있다. 세상이 어떻게 돌아가든 나는 항상 공부에 많은 시간을 할애한다. 그리고 독서를 즐긴다. 단지 배움이나 오락만이 목적이 아니라 읽는 행위 자체를 즐긴다.

그런데 어느 순간 나는 단순히 정보를 소비하는 데 더 많은 시간을 보내고 있다는 사실을 깨달았다. 나만 그런 것이 아니다. 세상이 혼란스러운 이때, 우리는 모두 지금 무슨 일이 일어나고 있는지를 이해하려고 노력한다. 역사, 철학, 심리학 등 지식을 얻을 수 있다면 분야를 막론하고 찾아 읽으며, 최소한의 심리적 위안을 바란다.

하지만 이처럼 글로만 세상을 '이해'하려 하면, 지식만 늘어날 뿐 실천은 이루어지지 않는다. 아무리 지식이 많아도 그 자체로는 유용하지 않다. 그 많은 정보를 머릿속에 집어넣고 무얼 하고 싶은가? 이제는 실천할 시간이다! '말이야 좋지. 그런데 도대체 뭘 어떻게 실천하란 말이지?' 아마 지금쯤 이런 생각을 하고 있을 것이다. 충분히 이해한다. 그래서 지금부터 설명하려 한다.

먼저 자신을 운동선수라고 생각해보자. 인생이라는 경기를 잘 뛰려면 두 가지가 필요하다. 바로 계획과 체력이다.

그동안 쌓아온 지혜를 바탕으로 계획을 세워라. 우리는 모두 성공적인 인생과 경력을 위해 무엇이 필요한지 어느 정도는 알고 있다. 자기 관리, 충분한 숙면, 무엇이든 너무 심각하게 생각하지 않기, 적당히 웃기, 명상하기, 사랑하는 사람들에게 상냥하게 대하기, 다른 사람에게 공감하기, 일시적인 쾌락에 빠져들지 않기 등등 지극히 일상적인 것들이다. 전혀 어려울 것 없다.

우리는 대부분 계획을 세우는 데는 능숙하다. 그러나 그것을 실천하는 것은 다른 문제다. "왜 이렇게 우울하지? 왜 나는 항상 제자리일까?" 우리에게 필요한 건 계획을 실행에 옮길 수 있는 체력이다.

자, 그럼 체력을 향상시킬 수 있는 방법은 무엇일까? 사실 고민할 필요도 없다. 운동선수들이 매일 무엇을 하는지 생각해보자. 그렇다. 바로 훈련이다. 스승이나 코치처럼 이끌어줄 수 있는

사람이 있으면 가장 이상적이다. 한 나라의 황제였던 마르쿠스 아우렐리우스도 이렇게 말했다. "글을 읽고 쓰는 일에 통달하려면 스승이 있어야 한다." 아우렐리우스는 글쓰기에 관해 이야기하긴 했지만 사실상 모든 분야에 해당되는 말이다.

    정신적 체력을 키우기 위해서는 기술과 마음을 단련해야 한다. 디지털 시대의 이점은 어떤 분야에 통달한 대가를 직접 만나지 않고도 책이나 글, 강좌나 팟캐스트 등을 통해 배움의 기회를 가질 수 있다는 것이다. 가령 내 글쓰기 스승은 2015년에 작고한 윌리엄 진서^{William Zinsser}다. 그와는 일면식도 없지만 나는 그가 남긴 저서를 통해 글쓰기를 배웠다.

여기서 핵심은 정신을 집중해서 훈련하는 것이다. 그리고 단순히 무언가를 배우는 데서 그치지 말라. 배운 것은 행동으로 옮겨라.

예를 들어, 내면의 평온을 기르고 싶다면, 명상을 하거나 잡생각을 버리고 긴 산책을 나가라. 발표를 더 잘하고 싶다면, 일기를 소리 내어 읽어보라. 글을 더 잘 쓰고 싶다면, 하루 일과를 글쓰기에 적합하게 만들어라. 적절한 훈련 없이는 실력을 향상시키기는커녕 현상 유지도 기대할 수 없다. 먹고, 씻고, 숨 쉬는 일처럼 지속적인 훈련과 실천이 필요하다.

어니스트 헤밍웨이도 더 나은 사람이 되는 '비결'이 바로 훈련이라는 사실을 알고 있었다. 헤밍웨이는 이런 말을 남겼다. "배워서 글을 잘 쓴다고 한들 그게 뭐 어떤가. 남들이야 당신이 글재주를 타고났다고 생각하도록 그냥 내버려두어라." 비밀 아닌 비밀이다. 뭐든지 더 잘하려면 무엇을 해야 하는지 우리는 이미 알고 있다. 배우고 아는 것에 그치지 말고 실천하라.

그리고 어느 순간, 당신이 성장한 모습을 본 사람들은 이렇게 말할 것이다. "와, 이 사람은 정말 모든 걸 완벽하게 해내는군." 하지만 당신은 그 경지에 오르기까지 스스로 단련해 왔다는 사실을 잊지 말고 기억하라.

날마다 조금씩 강인해져라

온라인에서 글을 쓰기 시작하면서 소셜미디어나 뉴스레터에서 팔로워 수십만 명을 보유한 인플루언서들을 보고 '저 사람들은 나보다 글쓰기가 훨씬 쉬울 거야'라고 생각했다.

흔히들 하는 생각이다. 친구와 직장 동료들에게도 많이 듣는 얘기다. 우리는 누군가가 가진 것 하나만 보고 그 사람 인생 전체가 우리보다 훨씬 더 나을 것이라고 섣불리 가정한다.

"집이 더 크면 훨씬 더 행복할 텐데."

"더 좋은 차가 있다면 여기저기 더 많이 다닐 텐데."

"팔로워가 50만 명이면 콘텐츠를 더 많이 올릴 텐데."

하지만 바라던 것을 얻으면 삶이 과연 훨씬 더 나아질까? 팔로워가 수십만 명이라고 해서 인생이 완전히 달라질까? 개인적인 경험에 비추어볼 때 내 삶은 5년 전과 크게 달라지지 않았다.

물론 돈과 영향력과 인맥이 있으면 삶이 한층 쉬워질 수는 있다. 하지만 날 때부터 부나 지위를 타고난 사람들을 제외하면, 돈과 명예는 노력의 대가로서 따라오는 것이다. 예를 들어, 성공적인 비즈니스를 구축하면 보통 많은 돈을 벌게 된다. 또는 뛰어난 기술을 보유하면, 그 기술을 제공하고 두둑한 보수를 받을 수 있다. 요즘에는 소셜미디어나 유튜브 등을 통해 인생의 고민거리를 잊어버릴 만큼 큰 즐거움을 선사하거나 중요한 지식을 전수해주면 많은 팔로워나 구독자를 얻게 된다.

그런데 우리는 돈, 명예, 팔로워, 지위 같은 결과에만 집중하는 경향이 있다. 그러한 결과를 얻기까지 비즈니스를 구축하고, 기술을 익히고, 콘텐츠를 만드는 과정은 간과한다. 아무런 노력 없이 거저 얻을 수 있는 것은 없다는 사실을 우리는 모두 알고 있다. 하지만 더 중요한 사실이 하나 있다. 우리가 얻는 진정한 보상은 돈이나 지위가 아니라 그러한 보상을 얻기 위해 노력하고 행동하는 과정에서 얻는 에너지와 자부심과 성취감이다.

나는 열정을 느끼는 주제에 대해 글을 쓸 때마다 그리고 그 글이 완성될 때마다 희열을 느낀다. 글을 쓰는 것은 쉬운 일이 아니지만, 그만큼 만족을 준다. 이렇게 열심히 노력한 뒤에 맛보는 성취감이야말로 행복하고 활기찬 인생을 위한 진정한 비결이라고 생각한다. 자신이 좋아하는 일 그리고 동시에 더 나은 인생을 살 수 있게 해주는 일을 찾아야 한다. 세네카는 매일 더 나은 내가 될 수 있도록 해주는 일에 최선을 다하라고 권한다.

"고난과 죽음, 불행이 닥쳤을 때 이겨낼 수 있도록 날마다 지식과 경험을 쌓아 자신을 강하게 단련하라. 마음속에 떠오르는 여러 가지 생각 가운데 날마다 하나씩을 골라 완전히 내 것으로 소화시켜라."

한번 솔직하게 스스로에게 물어보자. 우리는 매일 이렇게 살고 있는가? 당장 눈에 보이는 화려한 삶에 현혹되고 있진 않은가? 팔로워 수, 값비싼 자동차, 큰 집, 호화로운 라이프스타일, 소셜미디어의 파란색 체크 표시 같은 것에 마음을 빼앗기고 있진 않은가? 단언컨대, 행복과 만족은 그런 데 있지 않다.

원하는 삶을 살고 싶다면, 그에 맞는 행동이나 노력을 하라.

자기 분야에서 최고가 되는 것을 목표로 삼고 있지만 원하는 만큼 명성을 얻지는 못하더라도 괜찮다. 적어도 세네카의 말처럼 인생에서 어떤 어려움이 닥쳐도 맞설 수 있는 강인함과 능력을 키우는 중이기 때문이다. 그것이 돈이나 명예보다 훨씬 더 가치 있는 일이다.

남 탓도 말고 자책도 말라

3주간의 바르셀로나 여행을 마치고 돌아왔다. 바르셀로나에 더 오래 머물 계획이었지만 갑작스레 시작된 복통으로 여행 일정을 단축하기로 했다. 통증을 참고 여행을 강행하기보다는 얼른 집으로 돌아와 병원에 가는 편이 낫겠다고 판단했기 때문이다. 아마도 장염에 걸린 것 같았다. 바르셀로나 여행은 좋았지만 스트레스도 많이 받았다. 바르셀로나에서도 충분히 살아갈 수 있을지 확인하고 싶어서 하루를 꽉꽉 채워 여러 가지를 계획한 탓이었다. 더불어 성공적인 여행을 위해 사전 준비를 철저히 했다. 여러 동네를 둘러보며 아파트도 알아보고, 현지인들과 친분도 쌓고, 운동, 달리기, 글쓰기 등 평소 습관도 그대로 해나갈 계획이었다.

그런데 스페인에 머문 지 2주가 지났을 무렵 배가 아프기 시작했다. 나는 가장 먼저 스스로를 탓했다. "왜 이렇게 무리한 계획을 세웠을까? 왜 정작 마음에 들었던 아파트를 안 구하고 이렇게 외딴 동네에다가 아파트를 구했을까?" 이런 자책은 전혀 도움이 되지 않는다. 모든 일을 완벽하게 해내는 사람은 없다. 누구나 실수를 하기 마련이며, 살다 보면 전혀 예기치 못한 상황이 벌어지기도 한다. 인생이란 본디 그런 것 아닌가?

예전부터 과민성 대장 증후군을 앓고 있던 터라 복통이라면 익숙했다. 때로는 불편하고 때로는 고통스럽지만 대개는 견딜 만하다. 하지만 스트레스를 받으면 유독 심해지곤 한다. 그래서 평소 스트레스 관리에 더욱 신경을 써야 한다. 하지만 나도 결국 인간이다. 아무리 관리해도 스트레스는 피할 수 없다. 문제는 언제 어디서든 생길 수 있기 때문이다. 부자든, 직장인이든, 자영업자든 각자 나름의 문제를 떠안고 살아간다. 인간관계도 마찬가지다. 독신은 혼자라서 외롭다고 불평하고, 연인이나 배우자가 있는 사람은 혼자만의 시간이나 공간이 부족하다고 불평한다.

> 우리는 일이 원하는 대로 풀리지 않을 때 남을 탓하는 경향이 있다.

왜 그럴까? 왜 "다 네 탓이야"라고 비난의 화살을 다른 사람에게 돌리는 걸까? 에픽테토스는 남 탓을 하는 행위에 대해 이렇

게 말했다. "좌절, 분노, 불행 같은 감정은 자신이 판단한 결과이므로 스스로 책임을 져야 한다. 그 누구도 내가 느끼는 감정에 책임이 없다. 부정적인 감정이 들 때 남을 탓하는 것은 무지를 드러내는 일이다. 부정적인 감정이 들 때 자책하는 것은 발전하고 있다는 뜻이며, 부정적인 감정이 들 때 누구도 탓하지 않는 것은 비로소 현명해지고 있다는 뜻이다."

이 말을 모든 잘못이 자신에게 있다는 뜻으로 받아들이는 사람들도 있다. 하지만 에픽테토스는 그저 부정적인 감정에 책임을 져야 한다는 이야기를 한 것이다. 자책을 하게 되면 스스로에 대해 부정적인 감정이 생기게 된다. 따라서 일이 뜻대로 되지 않아서 자신이나 다른 사람을 탓하고 있다면 에픽테토스의 말을 기억하라. 문제가 생길 때 자신을 탓하는 것은 현명한 선택이 아니다. 설사 온전히 자신의 잘못으로 벌어진 일이라고 해도 말이다. 매번 '이렇게 행동했어야 했는데'라며 자책하고 있는가? 물론 다르게 행동했다면 결과가 달라졌을 수도 있다. 하지만 과거는 돌이킬 수 없다. 자책에 빠져 있기에는 남은 인생이 너무 아깝지 않은가. 그러니 훌훌 털어버리고 앞으로 나아가라!

사실 살면서 전적으로 나만의 잘못이라고 할 수 있는 일은 그렇게 많지 않다. 개인적인 책임을 회피하라는 뜻이 아니다. 하지만 최선을 다했는데도 일이 잘 풀리지 않았다면 결과를 있는 그대로 받아들여라. 나는 바르셀로나에 가서 수많은 일을 계획했다가 병에 걸리면서 내가 상황을 제대로 판단하지 못했음을 깨달았고, 결국 여행을 중단했다. 나는 굳이 무리해서 남은 일정을 '강행'하지 않았다. 그럴 만한 가치가 없었기 때문이다. 괜히 계획을 완수하겠답시고 무리해서 여행을 이어 나갔다가는 건강만 악화될 텐데, 굳이 그렇게 할 필요가 없지 않은가?

신체적 건강과 정신적 건강이 가장 중요하다. 그러니 항상 이 두 가지에 유익이 되는 방향으로 행동하라.

부정적인 감정이 들 때
누구도 탓하지 않는 것은
비로소 현명해지고 있다는 뜻이다.

나의 성공을 달가워하지 않는 사람들은 무시하라

"인생을 얼마나 잘 살았는지와 관계없이 나를 음해하려는 세력은 어딜 가나 존재한다."

마르쿠스 아우렐리우스가 로마 황제였을 당시에 쓴 글이다. 권력을 가진 사람이라면 주변에는 항상 정적들이 있기 마련이다. 꼭 황제가 아니더라도 주변에 우리가 잘 되기를 바라지 않는 사람들이 있을 수 있다. 내 친척 중에도 내가 실패하기를 바라는 사람들이 있다. 그런 것도 인생의 일부다. 성공한 사람치고 주변 사람들의 시기와 질투를 경험하지 않은 사람을 본 적이 없다.

얼마 전 열다섯 살 때부터 알고 지낸 오랜 친구를 만나 이야기를 나눴다. 한때 같은 농구팀에서 뛰었던 친구였다. 그는 당시에 정말 친하게 지내던 친구들과 이제는 연락을 하지 않는다고 말했다. 알고 보니 최근 몇 년 사이 무리에서 따돌림을 당한 것이다. 처음에는 모임에 초대받지 못했고, 그다음에는 생일에 초대받지 못했으며, 마지막으로 완전히 연락이 끊겼다.

그들과 연락이 끊어진 지 벌써 몇 년이 흘렀지만 그 친구는 여전히 화가 나 있었다. "난 정말 이해가 안 돼. 그렇게 친하게 지냈는데, 도대체 왜 그런 걸까? 이유라도 알고 싶어."

때로는 아무런 이유가 없는 경우도 있다. 그 친구의 경우에는 학위 과정을 시작하면서 우정에 금이 가기 시작했다고 한다. 그 친구는 다른 분야에서 일했지만, 학위를 취득하고 현재는 정신과 전문의로 일하고 있다. 그를 따돌린 나머지 무리는 아무런 발전 없이 여전히 똑같은 삶을 살고 있다. 그리고 무슨 이유인지 친구의 변화를 달가워하지 않았다.

남들과 다른 삶을 살기 시작하면 별종 취급을 받게 된다. 내가 대학원에 진학했을 때도 그랬다. 같이 술을 마시던 친구들과 연락이 끊겼다. 사실 내쪽에서도 굳이 연락을 유지하려 하지도 않았다. 나는 더 나은 삶을 만들기 위해 노력했고, 그 친구들은 변화를 원하지 않았다. 그들이 나를 미워한 것은 아니었지만, 내가 잘되기를 바라지도 않았다. 공부하라고 격려하기보다는 공부는 때려치우고 같이 클럽에나 가자며 나를 유혹했고, 나는 그러고 싶지 않았다.

주관적인 잣대로 나를 판단하고 내 실패를 기뻐하는 사람들

은 무시하라. 하지만 그들이 아무리 비열하고 시기심에 가득 차 있더라도, 우리는 그들과 같은 사람이 되어서는 안 된다. 아우렐리우스는 이렇게 말했다. "그들에게 화를 내며 관계를 끝내지 말라. 자신이 본래 따뜻하고, 공감할 줄 알고, 친절한 사람임을 잊지 말라."

나는 오랜만에 만난 친구에게도 아우렐리우스의 말을 전해주며, 다른 사람을 돕고자 헌신하는 삶을 살게 된 친구를 존경한다고 말해주었다. 우리는 인생을 진지하게 살아갈 뿐만 아니라 남을 돕는 일에도 진심인 사람들을 곁에 두어야 한다.

우리가 할 수 있는 최선은 세상의 부정적인 사람들과 같은 사람이 되지 않는 것이다. 언제나 우리가 그 자리에 머물러 있기를 바라는 사람들이 있을 것이다. 그들은 스스로 더 나은 삶을 살고자 하는 열망이 없기 때문에 다른 사람이 잘되는 꼴도 보고 싶어 하지 않는다. 그런 사람들 때문에 우리의 영혼이 망가지는 일이 있어서는 안 된다. 중심을 잡고 나만의 갈 길을 가라.

지나친 편안함을 경계하라

무소니우스 루푸스는 "영혼은 어려움을 견디며 용기를 훈련하고 쾌락을 절제하며 자제력을 기를 때 강해진다"고 말했다.

편안함에 집착하는 오늘날의 세상을 보면 무소니우스가 어떻게 생각할지 궁금하다. 사람들은 조금이라도 더 편안해지고자 한다. 나도 예외는 아니다. 작년에 나는 겨울밤을 따뜻하게 보내기 위해 전기장판을 구매했고, 이제 전기장판은 내게 극도의 편안함을 상징하는 물건이 되었다.

무소니우스의 글은 불편함의 좋은 점을 일깨워준다. 추운 것은 너무 싫지만, 그 시간을 견디면 오히려 더 강해진다. 물론 신체적으로 강해지는 것은 아니다. 추위는 아무리 겪어도 익숙해지지 않는다. 어느 정도 익숙해질 수는 있겠지만 나는 북유럽 사람들 같은 유전자를 타고나진 못했기 때문이다.

하지만 추위 혹은 불편함을 견디는 훈련은 마음을 단단하게 만들어준다. 나는 사치스러운 생활을 피하려고 노력한다. 몇 년 전부터 더 큰 집으로 옮길 수 있는 경제적 여유가 생겼지만 여전히 작은 집에서 살고 있다. 또한 너무 비싼 음식이나 이국적인 과일을 사 먹는 것도 자제한다. 돈이 없어서가 아니라 간소한 음식으로도 살아가는 데 전혀 지장이 없기 때문이다. 이 모든 것이 훈련이다. 인생이 곧 훈련인 셈이다.

또한 나는 지나친 편안함을 경계한다. 찬물 샤워의 효능에는 관심이 없지만, 가끔은 처음부터 끝까지 찬물로 샤워를 한다. 이 모든 훈련에서 진정한 편안함을 찾을 수 있다. 소박한 생활에 익숙해지면 평온한 마음으로 살아갈 수 있다. 무엇보다 잃는 것에 대한 두려움이 사라진다. 애초에 가진 것이 별로 없기 때문이다. 무소니우스는 이에 대해 이렇게 말했다.

> "영혼을 제대로 훈련하는 첫 번째 단계는 좋아 보이는 것이 실제로는 좋지 않고, 안 좋아 보이는 것이 실제로는 나쁘지 않다는 증거를 가까이에 두고, 진정으로 좋은 것과 그렇지 않은 것을 분별하는 데 익숙해지는 것이다."

우리는 고난은 나쁜 것, 쾌락은 좋은 것이라고 믿도록 만들어졌다. 그러나 스토아 철학자들은 이 생각에 끊임없이 도전했다.

그들은 고난이야말로 좋은 것이고, 지나친 쾌락은 해로운 것이라고 주장한다. 물론 인생이 끝없는 고난과 절제로만 채워져야 한다는 뜻은 아니다.

    스토아 철학의 진정한 아름다움은 소소한 즐거움과 휴식 그리고 편안함에서도 큰 기쁨을 누릴 수 있다는 것이다. 나 역시 즐거움을 누리고 싶은 마음은 여전하다. 솔직히 말하면 전기장판도 여전히 좋아한다. 다만 항상 사용하지 않을 뿐이다. 하지만 어쩌다 가끔 사용할 때는 정말이지 큰 기쁨을 누릴 수 있다!

영혼은 어려움을 견디며
용기를 훈련하고 쾌락을 절제하며
자제력을 기를 때 강해진다.

행복이란 단순히 자신과 잘 지내는 것만을 의미하지는 않는다. 물론 그것이 기본 토대이기는 하지만, 우리는 더 큰 생태계의 일부라는 것을 잊지 말자. 인간은 사회적 존재이기에, 사회 속에서도 행복할 수 있는 방법을 찾아야 한다. 세상과 거리를 두고 오직 자신의 정신 건강에만 집중하는 것이 좋아 보일 수도 있지만, 그것은 현실적이지도, 실용적이지도 않다.

스토아 철학은 외부세계에서 겪는 도전과 어려움을 극복하는 방법을 찾는 데 도움을 줄 것이다. 이를 익힌다면, 정신적으로 강해질 뿐만 아니라, 사회에서도 성장하고 번영할 수 있을 것이다.

II

외부 세계

세상에서 성공하는 법

"행복은 미덕에서 비롯된다. 미덕이란 삶을 조화롭게 사는 마음의 상태를 뜻한다."

― 키티온의 제논

대가를 치르더라도 옳다고 믿는 가치를 따르라

인생에는 여러 가지 게임이 동시에 벌어진다. 그중 가장 큰 게임은 바로 커리어 게임이다. 이 게임에 참여하려면 규칙을 준수해야 한다. 커리어 게임에서 따라야 할 규칙에는 학위를 취득하고 구직 활동을 해서 취직을 한 뒤, 사회생활을 하는 동안에는 잠시 본모습을 내려놓고 가면을 쓴 채 상사를 기쁘게 하며 각종 회식 자리에 꼬박꼬박 참석하는 것 등이 있다. 게임을 잘하면 보상으로 지위와 돈을 얻을 수 있다. 하지만 대부분의 사람들이 간과하는 사실이 하나 있는데, 바로 커리어 게임에 참가하려면 치러야 하는 대가가 있다는 사실이다. 그 대가는 결코 작지 않다.

모든 일에는 대가가 따르기 마련이다.

커리어 게임을 진행하는 과정에서는 도덕성, 가치관, 가족이나 친구와 함께 보내는 시간, 취미생활 등을 포기해야 한다. 이 게임에 참가하기에 앞서 무엇을 희생해야 하는지를 생각하지 않으면 내면의 갈등에 시달릴 수 있다. 에픽테토스는 인간관계에 대해 이렇게 말했다.

"만약 당신이 파티에 초대받지 못했다면 아마도 그 이유는 주최자에게 아첨을 하거나 잘 보이려고 노력하지 않았기 때문이다. 파티에 초대받고 싶다면 그만한 대가를 치르고 그 대가가 무엇이든 불평하지 말아야 한다. 아무런 대가도 치르지 않았으면서 초대받기를 원하는 사람은 탐욕스러울 뿐만 아니라 어리석은 자다. 만약 주최자에게 아첨하지 않아 초대받지 못했다고 해도 실망할 필요 없다. 그래도 괜찮다. 당신은 자신의 신념을 굽히지 않았다는 장점을 얻은 것이다."

에픽테토스가 말했듯이 원치 않는 대가를 감수하면서까지 다른 사람에게 잘 보이려고 하면 내적 갈등이 생길 수밖에 없다. 가령 단 한 순간도 외톨이가 되는 것을 견딜 수 없어서 직장 동료에게 잘 보이려고 애를 쓴다고 가정해보자. 그래서 무슨 부탁을 하든지 다 들어준다. 궂은일도 대신해주고, 이사도 도와주고, 재미없는 농담에도 웃어준다. 따돌림당하기 싫어서 뭐든 시키는 대로 한다. 그런데 굳이 그렇게까지 하면서 사람들과 어울려야 할까?

　나 또한 사회에 첫발을 내디뎠을 때만 해도 직장동료나 상사의 마음에 들기 위해 점심시간이나 퇴근 후 모든 모임에 빠지지 않고 참석했다. 그 시간들은 즐거웠지만, 단 하나 참을 수 없었던 것은 온갖 소문과 험담이었다. 얼마 지나지 않아 남을 헐뜯는 이야기에 자연스럽게 동참하고 있는 나 자신을 발견했다. 앞에서는 그토록 친하게 굴다가 뒤돌아서면 상대방의 은밀한 사생활을 까발리고 헐뜯는 것이 도무지 이해가 가지 않았다. 게다가 내가 어떻게 그렇게 빨리 물들었는지도 이해할 수가 없었다.

　인간은 본능적으로 소문을 옮기고 험담을 하고 쾌락을 좇는다. 하지만 나는 그런 행동을 할 때마다 마음이 좋지 않았고, 서서히 그런 인간관계에서 발을 빼기 시작했다. 그들과 점차 거리를 두고, 억지로 웃어주지 않게 되자, 더 이상 모임에도 초대받지 못하게 되었다. 돌이켜보면, 내 인생에서 가장 잘한 일이었다.

뒤에서 남을 험담하고 쓸데없는 이야기나 하면서 시간을 허비하는 대신, 공부하고 운동하고 진정한 우정을 쌓는 데 집중하라. 그들과는 다른 인생을 살기로 결심하라. 내가 옳다고 생각하는 가치와 기준에 따라 사는 것이 진정한 행복이다.

스토아 철학자들은 바로 그렇게 살았던 사람들이다. 그들은 자신의 가치관에 따라 살 것을 강조했다. 자신이 중요하다고 생각하는 가치를 지킬 수 있는지 없는지가 어떻게 행동하고 어떻게 살지를 결정하는 판단 기준이 되어야 한다고 주장했다. 가령 자신이 옳다고 믿는 가치를 희생하지 않고도 지위나 부를 추구할 수 있다면 그렇게 해도 된다는 것이다. 그러나 그럴 수 없는 상황이 온다면 단연코 지위나 부를 포기해야 한다. 내가 옳다고 믿는 원칙을 희생하면서까지 추구할 만한 가치가 있는 것은 없다.

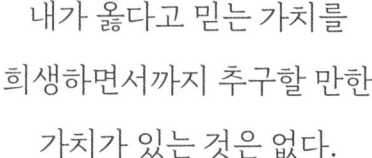

내가 옳다고 믿는 가치를
희생하면서까지 추구할 만한
가치가 있는 것은 없다.

나를 억누르는 정신적 속박에서 벗어나라

쾌락에는 반드시 고통이 뒤따른다. 어떤 쾌락이든 결국에는 중독되기 때문이다. 아무것도 욕망하지 않아야 어떤 감정에도 얽매이지 않을 수 있다. 세네카는 이렇게 말했다. "쾌락에 굴복하면 고통과 고역과 가난도 감수해야 한다. 욕망과 분노에 사로잡히고, 여러 가지 감정들 사이에서 갈등하게 된다. 자유야말로 땀 흘려 노력한 사람에게만 주어지는 진정한 보상이다. 자유가 무엇이냐고 묻는다면, 그 어떤 물질과 필요와 우연과 운명에도 얽매이지 않는 것이라고 답하겠다. 내 의지로 운명을 초월할 수 있다는 사실을 깨닫게 되는 날, 운명은 그 힘을 잃게 될 것이다."

자유야말로 인생에서 주어지는 가장 큰 보상이다. 여기서 자유는 단순히 자유로운 나라에서 사는 것을 넘어서는 개념

이다. 스토아 철학이 말하는 감정적 자유는 우리의 생각과 마음을 옭아매는 정신적 속박에서 벗어나는 것이다.

억울한 누명을 쓰고 긴 시간을 감옥에서 보낸 권투선수 '허리케인' 루빈 카터는 이러한 마음가짐을 실제로 체득한 인물이다. 카터는 자신이 저지르지도 않은 범죄로 종신형을 선고받았을 때에도 마음의 자유를 잃지 않았다. 그는 수감자라는 현실에 굴복하지 않았으며, 희망을 잃지 않고 무죄를 입증하고자 끊임없이 노력했다.

카터는 20년에 가까운 세월을 감옥에 갇혀 있었지만 분노나 복수심 같은 부정적인 생각에 사로잡혀 시간을 낭비하지 않았다. 카터의 이야기에 깊은 감명을 받은 밥 딜런은 '허리케인'이라는 노래를 발표했고, 〈허리케인 카터〉라는 제목의 영화가 만들어지기도 했다.

2천 년 전 세네카가 말했듯이, 자유롭다는 것은 운명에 굴복하지 않는 것이다. 우리는 태어나는 순간부터 수많은 우여곡절을 겪는다. 당장 어떤 부모 밑에서 태어날지조차 선택할 수 없다. 스토아 철학은 이 모든 것이 운명이며, 주어진 운명에 굴복하지 않고 살아가는 것이 인생의 목적이라고 말한다.

인생에서 얻을 수 있는 가장 큰 보상인 자유를 얻으려면, 먼저 어떻게 살 것인지 결정할 힘이 우리 자신에게 있다는 사실을 깨달아야 한다. 인생에서 벌어지는 일들은 우리 힘으로 바꿀 수는 없지만, 이를 바라보는 관점은 바꿀 수 있다.

자신이 통제할 수 있는 것에 집중하며 정신적 속박에서 벗어나라. 이러한 마음가짐이야말로 우리에게 진정한 자유를 선사할 것이다. '무슨 일이 일어나도 다 괜찮을 거야'라는 마음가짐으로 살아갈 수 있다면 그 무엇도 우리의 마음을 속박할 수 없을 것이며, 자유를 얻게 될 것이다. 무엇에도 얽매이지 않고 살아갈 때, 인생에서 주어지는 모든 것이 보너스처럼 느껴질 것이다.

성공에 눈이 멀어 일상의 기쁨을 놓치지 말라

당신의 올해 목표는 무엇인가? 더 높은 연봉? 더 큰 집? 더 많은 친구? 사업적 성공? 목표를 세우고 그것을 좇을 때, 결과가 아닌 과정에 집중해야 한다는 사실을 잊지 말라.

인생의 모든 것에는 대가가 따른다. 우리는 이 사실을 잊고 살아가는 경향이 있다. 많은 이들이 '만약에'라는 사고방식에 갇혀서 살아간다. '내가 원하는 것을 얻으려면 많이 노력해야 해. 하지만 만약에 그걸 얻는다면 정말 행복할 거야'라고 생각하는 것이다. 하지만 이루고 싶은 목표에 너무 집착하다 보면 큰 대가를 치르게 될 수도 있다. 무언가를 얻기 위해 마음의 평화를 희생하는 일이 자주 있지는 않은가? 우리는 더 높은 연봉, 학위, 직책 같은 결과만 바라볼 뿐, 그러한 결과를 얻기 위해 지불해야 하는 대가는 거의 생각하지 않는다.

나는 대학원을 졸업할 당시 연봉 10만 달러를 받고 싶었다. 이제 와서 생각해보면 무슨 이유로 그런 목표를 세웠는지도 모르겠다. 어쨌거나 매년 그 정도는 벌어야 성취감을 느낄 수 있을 것 같았다. 그렇게 성공을 좇다 보니 항상 번아웃에 가까운 상태가 이어졌다. 그리고 마음속 깊은 곳에서는 이 모든 것이 시작에 불과하다는 사실을 직감하고 있었다.

원하는 만큼 돈을 벌고 나면 어떻게 될까? 당연히 더 많이 벌고 싶어진다! "더, 더, 더, 더, 많으면 많을수록 좋지!" 인간의 욕심은 끝이 없다.

탐욕이 인간의 타고난 본능이라고는 생각하지 않는다. 비록 많은 사람이 빠지는 함정이지만 말이다. 인간은 그저 자신이 가지지 못한 것을 쫓을 뿐이다. 나도 그랬다. 하지만 어느 순간 성공을 위해 지불해야 하는 대가가 무엇인지를 깨닫고 좀더 신중하게 생각하자고 마음먹었다. 성공, 돈, 명예, 다 좋다. 하지만 행복, 평화, 평온함보다 가치 있는 것은 없다.

'하지만 부자가 되면 인생이 훨씬 더 편해질 거야!'라고 생각할 수도 있다. 이는 전형적인 '만약에' 사고방식이다. 그렇게 생각하는 이유는 무엇인가? 현실은 그렇게 만만치 않다. 그토록 원하던 것을 얻었지만 실제로 달라진 것은 아무것도 없다는 사실을

깨달았던 순간을 떠올려보라. 아마도 원하던 대학에 입학했을 때부터 이러한 순간의 연속이었을 것이다. '졸업하면 취직은 식은 죽 먹기일 거야'라고 생각하지만, 현실은 그렇지 않다.

성공과 돈도 마찬가지다. 지인 중에 자산이 1억 달러에 달하는 부자가 있다. 그는 "부자가 좋은 것만은 아니야"라고 말하곤 했다. 물론 부자니까 할 수 있는 말이라고 생각할 것이다. 사실 그렇기도 하다. 하지만 그렇게 말할 수밖에 없는 이유들이 있었다. 그는 언제나 각종 소송과 피고용인의 불법 행위와 이것저것 청탁하기 바쁜 친인척에게 시달리고 있었다. 부자이기 때문에 생겨나는 스트레스도 있는 것이다. 그러나 우리는 대부분 막연히 부자가 되고 싶다고만 생각하며, 그런 고충에 대해서는 그다지 고민하지 않는다.

돈이 많을수록 문제도 많아진다.

돈이 많거나 성공했다고 해서 인생이 훨씬 더 편해지지는 않는다. 오히려 성공은 여러 가지 문제나 탐욕을 낳기 때문에 정신적으로는 더 힘들어질 수 있다. 이것이 바로 스토아 철학에서 강조하는 내용이다. 성공에는 반드시 대가가 따른다.

세네카는 이렇게 말했다. "성공은 사람을 탐욕스럽게 만들고 다른 사람에게도 탐욕을 불러일으킨다. 스스로 만족하지 못하면 다른 사람에게도 인정받지 못한다." 돈이 많으면 문제가 사라질 것 같지만, 그보다 더 큰 욕망이 찾아올 뿐이다.

그러니 인스타그램이나 틱톡에서 완벽한 외모를 뽐내는 인플루언서를 보고 부러운 마음이 들거든, 잠시 눈을 감고 내 인생에 허락된 축복을 헤아려보라. 부유하고 유명한 사람들도 저마다 고충을 안고 살아간다는 사실을 명심하라. 중요한 것은 자신이 옳다고 믿는 가치관에 따라 사는 것이다. 그리고 가장 중요한 것은 주어진 삶을 누리는 것이다. 끝없는 우주 한가운데 이 특별한 행성에서 태어나 살고 있다는 사실을 되새기는 것만으로도 감사가 샘솟을 것이다.

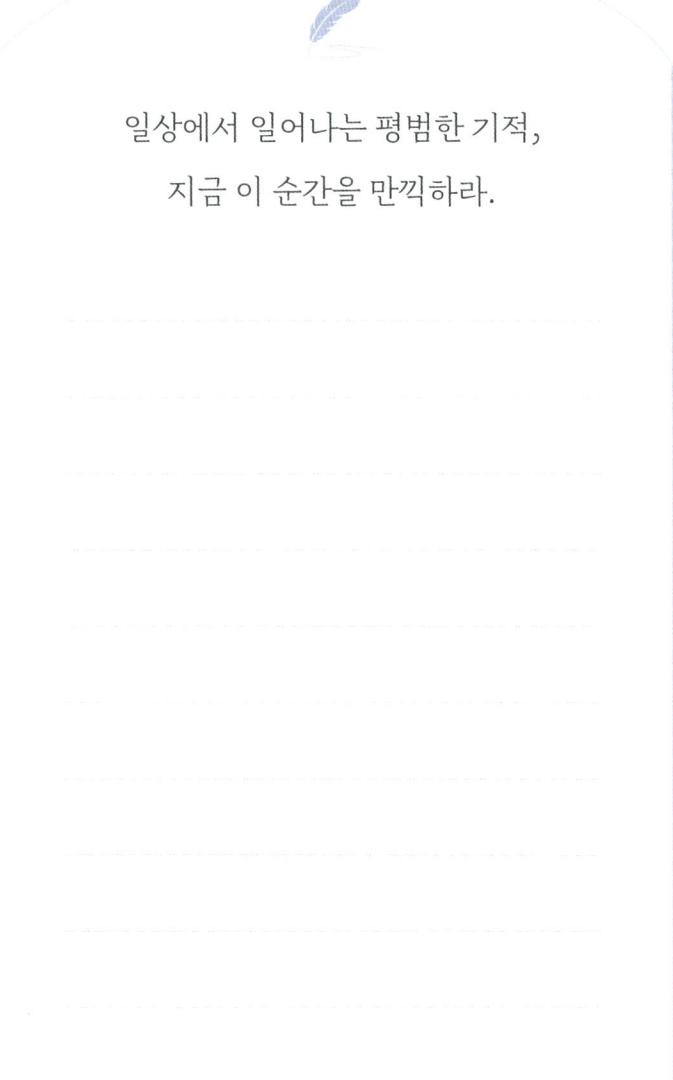

일상에서 일어나는 평범한 기적,
지금 이 순간을 만끽하라.

목표보다는 과정에 집중하라

나는 목표를 세울 때 어떤 결과를 원하는지에 초점을 맞추곤 했다. 가령 커리어와 관련된 목표를 세울 때는 얼마나 많은 돈을 벌고 싶은지를 생각했다. "1년에 10만 달러를 벌겠다." 그리고 건강과 관련된 목표는 이런 식이었다. "몸무게를 3킬로그램 정도 늘리고 체지방 비율을 5퍼센트 정도 낮춰야겠어." 그리고 목표 달성에 번번이 실패한다. 공감하는 사람이 많을 거라 생각한다.

자신이 세운 목표를 이루지 못해 얼마나 자주 좌절감을 느끼는가? 목표를 세워놓고 예상대로 진행되지 않으면 포기한다. 이런 경험이 반복되면 그 과정에서는 아무것도 얻을 수 없다.

목표를 세우는 것 자체에 거부감을 가지는 경우도 있다. 한 친구는 이렇게 말했다. "목표를 세운다는 생각만으로도 토니 로빈스(세계적인 동기 부여 전문가이자 변화심리학의 권위자로 《무한능력》, 《네 안에 잠든 거인을 깨워라》의 저자 - 옮긴이)의 제자들이 불꽃 위를 걷는 모습이 떠올라. 나랑은 안 맞아." 나는 물론 로빈스가 대단한 사람이라고 생각한다. 하지만 꼭 그처럼 주먹을 불끈 쥐고 가슴을 쳐야만 인생에 대한 열정이 샘솟는 것은 아니다. 문제는 우리가 잘못된 목표를 설정한다는 것에 있다. 애초에 목표가 잘못됐으니 실패할 수밖에 없는 것이다.

나는 스토아 철학을 활용하면 목표를 더 효과적으로 달성할 수 있다는 사실을 알게 되었다. 먼저 자신이 통제할 수 있는 범위 내에서 목표를 설정한다. 그리고 결과가 아니라 행위 자체에 초점을 둔다. 가령 나는 여전히 더 많은 돈을 벌고 싶은 야망이 있다. 일단은 돈을 얼마나 버느냐가 일을 잘하고 있는지를 가늠하는 척도이기 때문이다. 다른 사람을 위해 더 많은 가치를 창출할수록 더 많은 보상을 받을 수 있다. 스토아 철학을 따른다고 해서 부자가 되지 않으려고 애쓸 필요는 없다.

오히려 나는 일정한 수입을 올릴 수 있는 일에 집중한다. 대충 일하고, 저녁에는 TV를 보며 시간을 보내거나 유흥을 즐기며 흥청망청 주말을 보내면 결코 수입을 늘릴 수 없다. 하지만 책, 글쓰기 강좌, 코칭 등의 형태로 가치를 창출하면 수입이 늘어날

가능성이 높아진다. 부동산이나 주식에 돈을 투자하는 것도 마찬가지다. 이처럼 나는 목표를 이루기 위한 행동에 집중한다. 그리고 이 모든 일을 꾸준히 한다. 나는 매일 콘텐츠를 만들고 투자에 대해 고민한다. 돈을 벌고 싶다면 꾸준히 노력하는 수밖에 없다. 세상에 공짜는 없다.

건강과 관련한 목표는 어떻게 세워야 할까? 근육을 얼마나 늘리느냐에 집중하는 대신 규칙적으로 근력 운동을 하는 것을 목표로 삼자. 중요한 것은 운동은 힘들어야 한다. 대충대충 해서는 결코 강해질 수 없다.

하지만 나도 평생 이런 마음가짐으로 살았던 것은 아니다. 사실 몇 년 전까지만 해도 '대충 해도 되지 않을까'라는 마음가짐으로 살았다. 목표를 세우고 포기하고, 또다른 목표를 세우고 포기하는 것의 반복이었다. 하지만 어느 순간 더 이상은 이렇게 살고 싶지 않다는 생각이 들었다. 결정적인 계기나 극적인 사건이 있었던 것은 아니다. 단지 마음만 바꿔먹었을 뿐이다. 그전과는 다른 인생을 사는 것이 때로는 이렇게 간단하다.

이제 각자 스스로를 한번 돌아보자. 매일 밤 침대에 누워 빈둥거리는 일상에 만족하는가? 이 질문에 대한 대답이 '아니오'라면 이제부터 어떻게 할 것인가? 행동을 바꾸는 데 도움이 되는 목표를 설정하면 된다. 이제 모든 것은 우리 손에 달려 있다. 다른 사람의 도움은 필요하지 않다. 그저 자신이 통제할 수 있는 것에 집중하고 매일매일 어떻게 행동할지만 생각하면 된다. 재미있는 사실은 결과에 집착하지 않을수록 행동으로 옮기기가 쉬워진다는 점이다. 또한 과정에 집중하면 자신이 제대로 하고 있는지 알 수 있다. 목표를 설정했다면, 지금 당장 해야 하는 일에 집중하라.

그러다 어느 날 목표를 초과 달성하더라도 놀라지 말라. 우리가 해야 할 일은 그냥 계속해서 노를 젓는 것이다.

다른 사람의 성공을 기뻐하라

세네카가 친구 루킬리우스에게 보낸 편지를 읽다 보면 세네카가 루킬리우스가 발전하는 모습을 진심으로 대견해한다는 것을 느낄 수 있다.

세네카가 루킬리우스에게 편지를 쓰기 시작한 시점은 인생의 후반부로, 그가 고대 로마의 정재계에서 거둔 큰 성공을 뒤로하고 은퇴했을 때였다. 반면에 루킬리우스는 한창 활동하며 경력을 쌓아가고 있었다. 고대 로마는 언제나 분주했고 할 일이 넘쳐났다. 또한 오늘날과 마찬가지로 질투가 존재했다. 질투는 인류의 역사만큼이나 오래된 감정이 아닐까? 인간이라면 질투심을 느끼는 것이 당연하다고 생각하는 사람이 많다. 하지만 스토아 철학자들은 그렇지 않다고 말한다.

실제로 세네카는 루킬리우스가 나날이 발전하는 모습을 보고 기뻐했다. "자네의 글과 행동에서 이미 범인을 뛰어넘은 지는 오래고, 이제 자신을 뛰어넘어 발전하고 있음이 느껴진다네. 그 강인하고 활달한 기운이 나에게까지 전염되는 기분일세."

세네카가 친우의 성공을 지켜보며 즐거워하는 모습은 대부분의 사람이 다른 사람을 바라보는 시선, 심지어는 친구나 가족을 바라보는 시선과 극명한 대조를 이룬다.

우리가 질투라는 감정을 얼마나 자주 느끼는지 한번 생각해보자. 형제자매의 승진을 축하하는 저녁 식사 자리에서 가족들이 온통 그 이야기뿐이라면 어떨까? 친한 친구의 유튜브 채널이 하룻밤 사이에 유명해졌다면 또 어떨까? 동료가 나보다 빨리 승진하여 상사가 되었을 때, 진심으로 축하해줄 수 있을까? 우리 주변에 질투심을 불러일으키는 일들은 항상 일어난다. 그럴 때 우리는 어떻게 해야 할까?

안타깝게도 질투는 질투에서 끝나지 않는다. 다른 여러 부정적인 감정을 불러일으키고, 이는 불행과 고통으로 이어진다. 다른 사람과 자신을 비교하며 스스로가 못나고 부족한 사람처럼 느껴진다. 심지어 이런 기분을 느끼게 만든 상대에게 분노를 느끼기도 한다. "왜 저 사람은 되고 나는 안 되지?"

질투가 도움이 되지 않는 감정이라는 사실은 누구나 알고 있지만 질투심을 극복하는 방법을 아는 사람은 많지 않다. 그리고 그 방법은 스토아 철학에서 찾을 수 있다. 세네카가 승승장구하는 루킬리우스에게 보인 반응이야말로 다른 사람의 성공을 대하는 가장 좋은 본보기다. 다른 사람의 성공을 스스로에게 동기를 부여하는 원천으로 삼아라. 세네카처럼 그 기운을 흡수하라.

이 전략이 훌륭한 이유는 인간의 본성을 잘 활용한 방법이기 때문이다. 우리가 가장 중요하게 생각하는 것은 무엇일까? 물론 지구의 안녕도 중요하지만 대부분은 자신과 가족을 가장 중요하게 생각한다. "다른 사람이 성공하는 것을 보면 힘이 난다"라고 말하는 사람들이 있다. 그 의미는 무엇일까? 바로 다른 사람이 성공이 내게도 유익이 된다는 뜻이다. 이는 스토아 철학의 지혜 중에서 가장 과소평가되고 주목받지 못하는 원칙이기도 하다. 스토아 철학자들은 아주 사소한 일에서도 자신의 유익을 찾는 데 귀재였다. 남들에게는 질투와 시기의 대상에 불과한 일에서도 자신을 발전시킬 수 있는 방법을 찾아냈다.

스토아 철학에 대해 모르는 사람은 누군가를 도와주다가도 질투심을 느낀다. "이 친구 좀 봐. 내가 도와주고 있는데 나보다 더 잘 나가네." 직장에서 이런 경우는 심심찮게 볼 수 있다. 수년 전 대형 IT 리서치 회사에서 일할 때, 멘토를 배정받았다. 이름이 샌더였는데 내게 정말 많은 도움을 주었고, 그의 도움 덕분에 일을 잘 해낼 수 있었다. 그런데 어느 순간부터 내가 샌더보다 더 많은 인정과 칭찬을 받기 시작했다. 그 시점부터 우리 관계에 변화가 생겼다. 샌더는 내가 자신보다 잘나가는 것을 못 견뎠고, 심지어 일을 방해하기도 했다. 그는 나로 인해 자신의 위치가 위협받을까 봐 불안해했다.

어찌 됐든 그는 업무 지식이 풍부한 사람이었고, 나는 그에게서 많은 것을 배울 수 있었다. 하지만 그 사건으로 우리 관계는 파탄이 났다. 한편 팀원 중 안드레라는 친구에게서는 비즈니스, 사내 정치, 설득의 기술 같은 것들을 배웠는데, 그는 노련했고 관대했으며 친절했다. 회사 사람들은 누구나 안드레를 좋아했고, 샌더를 좋아하는 이들은 별로 없었다. 경쟁심이 강해서 무슨 수를 써서라도 성공하고 싶어 했던 동료와 다른 사람의 성공을 기뻐하며 자신이 가진 지식을 아낌없이 나눠준 동료 중 누가 더 큰 성공을 이루었을까? 바로 후자인 안드레였다.

다른 사람의 성공을 자신의 성공처럼 기뻐하면 나 역시 더 강해질 수 있다.

다른 사람의 성공에서 영감과 원동력을 얻어 앞으로 나아가는 것은 모두가 승리할 수 있다는 점에서 정말 아름다운 삶의 방식이다. 나 역시 여러분이 최선을 다해 살고, 최선을 다한 만큼 잘되길 언제나 바라고 응원한다.

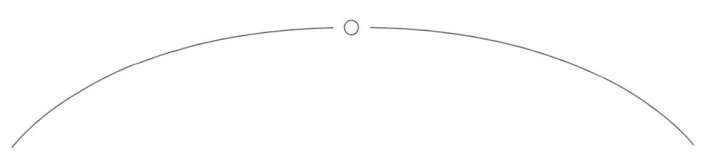

부자가 되는 법

"현명한 이들은 여러 가지가 필요하지만 아무것도 욕망하지 않는다. 반면에 어리석은 자들은 아무것도 필요없지만 모든 것을 욕망한다. 그들에게 필요한 것이 없는 까닭은 그저 제대로 사용할 줄을 모르기 때문이다."

- 솔로이의 크리시포스

돈을 벌기 위해 타협하지 말라

내가 스토아 철학의 원칙에 따라 산다고 하면, 사람들은 내가 매우 검소한 삶을 살고, 성장이나 부에 대한 욕구가 없다고 생각하곤 한다. 어쩌다 그런 인식을 갖게 되었는지는 모르겠다. 하지만 스토아 철학은 오히려 더 나은 인생을 살고 더 나은 경력을 쌓고자 하는 노력과 함께한다.

항상 소박하게 살라고 가르쳤던 에픽테토스는 돈에 관해 이렇게 말했다. "정직과 신뢰와 품위를 유지하면서 돈을 벌 수 있다면 반드시 그렇게 하라. 하지만 자신의 신념을 포기하고 세상과 타협하면서까지 돈을 벌 필요는 없다."

그렇다. 스토아 철학의 가르침을 따라 살면서도 돈을 벌 수 있다. 우리는 종종 모든 문제를 '모 아니면 도'라는 식으로 생각한다. 아끼면서 저축을 하거나, 돈을 좇아 욕망에 낭비하거나 둘 중 하나라는 것처럼 말이다. 그럴 수 있다. 우리는 항상 극단적인 사례를 읽고 듣기 때문이다. 넷플릭스에는 탐욕이 어떻게 파멸로 이어지는지에 관한 다큐멘터리를 볼 수 있고, 모든 소유를 포기하고 미니멀리스트로 살아야 한다고 주장하는 내용의 콘텐츠도 있다.

이렇듯 극단적인 사례만을 접하다 보면 중간이 없다는 생각이 드는데, 스토아 철학이 바로 그 중간 지점이다. 스토아 철학은 마음의 평화와 자유를 누리며 사는 법에 관한 것이다. 에픽테토스가 말했듯이 돈을 벌고 싶다면 그렇게 하라! 하지만 마음의 평화를 돈에 의존해서는 안 된다. 세네카의 삶은 우리에게 좋은 본보기가 되어준다. 고대 로마에서 세네카는 매우 부유하고 성공한 정치인이었던 동시에 위대한 철학자이기도 했다. 어떻게 그럴 수 있었을까? 부와 성공을 좇았던 스토아 철학자였기 때문에? 맞다. 하지만 세네카는 결코 돈으로 자신을 평가하지 않았다. 세네카는 이렇게 말했다.

"자신의 가치를 평가할 때, 돈과 집과 지위는 제쳐두고 그 내면만을 바라보라. 그렇지 않으면 다른 사람이 자신의 가치를 판단하도록 내버려두는 것이나 마찬가지다."

신념을 포기해야만 부자가 될 수 있다면 그렇게 하지 말라. 핵심은 돈과 물질적 소유를 제외한 자신의 삶을 돌아보며 "나는 스스로가 자랑스러운가?"라는 질문에 "그렇다"라고 답할 수 있어야 한다는 것이다.

물질적 소유나 사회적 지위를 내려놓고 자신을 돌아봤을 때 자랑스럽지 않다면, 문제가 있는 것이다. 그러니 어떤 일을 하든 인격과 가치를 무엇보다 소중히 여겨라. 이것이 바로 스토아 철학에서 부에 접근하는 방식이다. 중요한 것은 돈은 우리를 지배할 수 없다는 사실이다. 대부분의 사람은 돈을 잃을까 봐 혹은 돈이 부족할까 봐 두려워한다. 돈을 저축하든 더 많이 벌고자 하든, 머릿속에 온통 돈 생각뿐이라면 인생은 돈의 지배를 받게 된다. 그러나 돈은 결국 도구일 뿐임을 잊지 말라.

물론 돈이 많으면 좋다. 나처럼 넉넉하지 않은 가정 형편에서 자란 사람이라면 돈이 충분하지 않다는 것이 얼마나 고통스러운 일인지 잘 알 것이다. 그 고통은 대대로 이어지는 경우가 많다. 궁핍하게 산 증조할아버지는 아들인 할아버지에게 인색함을 물려주었고, 할아버지는 또 그 자녀들에게 인색함을 물려주었다. 하지만 다행히 우리 어머니는 이를 물려받지 않았다. 어머니의 다른 형제자매들은 비싸다는 말을 입에 달고 살지만, 어머니는 '값싼' 식료품을 살 때나 샤넬 향수 같은 '비싼' 물건을 살 때나 한결같이 가격표를 보지 않았다. 어머니는 늘 이렇게 말했다. "살 수 있으면 사는 거지." 물건을 살 때마다 전전긍긍하며 가격표를 들춰보는 어머니의 다른 형제들보다 어머니가 훨씬 더 돈에 초연해 보이는 것은 왜일까?

돈에 초연한 태도는 재산을 잃더라도 더 탄력적으로 대처할 수 있게 한다.

어머니는 지금껏 살면서 부유했던 적이 별로 없었고, 앞으로도 언제든지 다시 가난해질 수도 있다는 사실을 알고 계신 것이다. 이 땅에서의 삶이 영원하지 않다는 사실을 기억하라. 돈 때문에 전전긍긍하기에 우리네 인생은 너무나도 짧다.

부자가 되고 싶다면 노력하라. 하지만 부자가 되고 싶지 않아도 괜찮다. 중요한 것은 결과에 너무 집착하거나 자신의 가치를 외부적인 요인과 연결 지어 생각하지 않는 것이다. 어느 쪽을 선택하든 돈이 전부가 아님을 기억하라. 나 자신의 가치와 인격만이 전부임을 명심하라.

어리석은 자들은 아무것도 필요없지만,
모든 것을 욕망한다.

돈을 쫓더라도 인격은 사수하라

돈을 더 벌어야 한다는 압박감에 시달리고 있는가? 아마 다들 그럴 것이다. 우리는 대부분 돈을 좇아 산다. 누군가는 더 높은 지위를 얻기 위해, 누군가는 값비싼 물건을 사기 위해 돈을 번다. 또 누군가는 여행을 가기 위해 돈을 벌기도 한다. 가난하게 자랐기 때문에 다시는 가난해지지 않겠다고 결심하는 사람들도 있다. 돈을 벌고자 하는 이유가 무엇인지는 중요하지 않다. 우리는 누구나 어떤 형태로든 돈을 좇아 살아간다.

부유한 사람은 만족했던 적이 없고, 가난한 사람은 충분했던 적이 없다. 인생은 불공평하다. 하지만 정직하게 벌기만 한다면, 돈을 좇는 것이 반드시 나쁜 것만은 아니다. 에픽테토스도 "정직과 신뢰와 품위를 유지하면서 돈을 벌 수 있다면 반드시 그렇게 하라"고 했다.

스토아 철학에서 돈을 바라보는 관점은 이렇다. 돈은 중요하며, 사회의 일원으로서 살아가기 위해 필수불가결한 요소다. 우리가 속한 공동체에 가치를 제공하는 것은 좋은 일이며, 일반적으로 가치를 제공하면 돈을 벌게 된다. 하지만 에픽테토스가 지적한 바와 같이 '뻔뻔하고 부패하면' 공동체에 유익이 될 수 없다. 그러므로 신뢰와 가치를 지키며 정직하게 인생을 살아가야 한다.

　종종 돈을 하찮게 여기는 사람들이 있다. 그러나 우리의 가치가 돈보다 더 우위에 있다고 단정지을 수는 없다. 사람들은 왜 그렇게 순위를 매기는 데 집착할까? 사람들은 종종 "네 친구들이

나보다 더 중요한 거야? 나야, 친구야?" 같은 말을 한다. 나는 세상을 그렇게 바라보지 않는다. 그저 중요한 것과 중요하지 않은 것이 있을 뿐이다. 그리고 나는 언제나 중요한 것을 중요하지 않은 것보다 우선한다.

돈을 버는 것? 중요하다. 정직하게 사는 것? 그것도 중요하다. 정직하게 벌어서 정직하게 살고, 다른 사람을 함부로 대하지 말라.

배우자? 중요하다. 가족? 역시 중요하다. 따라서 중요한 사람들과 함께 시간을 보내고, 솔직하게 소통하며, 그 존재에 감사하라.

인생에서 꼭 순위를 매길 필요는 없다. 여러 가지를 똑같이 중요하게 여길 수도 있는 것이다. 순위를 매기다 보면, 결국 한 가지에 쫓게 된다. 맹목적으로 돈을 쫓느라 인간관계와 양심과 가치를 저버리는 사람들을 생각해보라. 전설적인 투자자 워런 버핏은 "평판을 쌓는 데는 20년이 걸리고 평판을 망치는 데는 5분이 걸린다"라고 말했다.

다른 사람을 속여서 신뢰를 잃으면 영원히 되돌릴 수 없다. 《월스트리트 저널》을 펼치면 줌으로 직원을 해고한 CEO나 수십억 달러 규모의 펀드를 날려버린 헤지펀드 매니저에 관한 기사를 읽을 수 있다. 이것이 바로 내가 말하는 치명적인 돈의 유혹이다.

돈 몇 푼 더 벌겠다고 자신의 인격과 평판을 버리는 것은 불장난이나 다름없다. 그 대가는 말 그대로 자기 자신을 잃는 것이다. 정상적인 사람이라면 돈을 더 벌겠다고 자신의 행복까지 희생하지는 않는다. 인간관계도 마찬가지다. 흔히 부자가 되면 가족과 친구들에게도 좋은 일이라고 생각한다. 하지만 그것은 당신의 생각일 뿐, 실제로는 그렇지 않다.

에픽테토스는 이렇게 말했다. "좋은 친구는 당신에게 돈을 바라기보다는 당신이 신념과 가치를 지키며 정직하게 살아가기를 바랄 것이다."

아무리 생각해봐도 결코 "돈이 가장 중요하다"라고 말할 수는 없다. 인생에서 어느 하나가 가장 중요하다고는 할 수 없기 때문이다. 돈도 중요하다. 하지만 중요한 것은 그것만이 아니다. 그저 당신에게 중요한 모든 것들을 균형 있게 분별하면 된다. 설령 부자가 되지 못하고 평범하게 산다고 하더라도 인격과 가치를 지키며 살아간다면 그것으로 괜찮다. 오늘날과 같은 세상에서 그런 삶은 결코 평범하다고 할 수 없다.

부유한 사람은 만족했던 적이 없고,
가난한 사람은 충분했던 적이 없다.

'평범한' 삶에 감사하라

어머니와 함께 TV를 보다가 비트코인으로 백만장자가 된 사람에 관한 방송을 시청하게 되었다. 비트코인이 개당 300달러 정도일 때 대량으로 매입한 20대 남성이 현재 부유한 삶을 즐기고 있다는 내용이었다.

비트코인이 무엇인지 전혀 모르는 어머니는 나에게 저 사람은 도대체 어떻게 부자가 되었느냐고 물었다. 나는 비트코인이 디지털 화폐이며, 이 사람은 다들 비트코인이 무엇인지 잘 알지도 못하던 시절에 기회를 포착해 부자가 된 것이라고 설명했다. 그러자 어머니가 물었다. "그래서 비트코인은 어디서 구할 수 있니?"

우리는 웃음을 터뜨렸다. 한바탕 웃고 난 뒤에는 일해서 돈을 버는 것이 얼마나 좋은지에 대해 이야기했다. 우리가 가진 모든

것이 축복이라는 사실을 깨닫기란 정말 어렵다. 몸이 건강하고, 그럭저럭 제정신인 가족이 있고, 좋은 친구와 동료 그리고 밥 벌어먹고 살 수 있는 직업이 있다는 것은 축복이다. 우리에게 주어진 이 균형 잡힌 '평범한' 삶이 곧 축복이다.

세네카는 중용에서 오는 행복에 관해 자주 이야기했다. "장대한 것을 멸시하고 과잉보다는 중용을 택하는 것이 위대한 정신의 표식이다. 중용은 유용하며 더 나은 삶을 살 수 있게 해주는 반면, 과잉은 그 풍요로움으로 말미암아 오히려 해를 끼치기 때문이다."

인생을 농사에 비유해보자. 땅에 비료를 과하게 준다고 해서 농작물이 더 빨리 자라지는 않는다. 오히려 비료를 너무 많이 주면 작물의 성장을 방해한다고 한다. 뭐든지 지나치면 해가 된다.

그런데 우리 사회는 그 반대를 지향한다.

우리는 성공과 명예를 축하하며 뭐든지 많으면 많을수록 좋다고 생각한다. 그러나 그런 것을 가지지 못했다고 해서 나쁠 것도 없다.

여러모로 지나침 없는 '평범한' 삶이 실제로는 더 아름답다. 인생 그 자체가 곧 우리의 인격을 빚는 과정이기 때문이다. 물론 누구의 인생이 더 낫다고는 말할 수는 없다. 하지만 나는 성공보다 인격이 훨씬 더 중요하다는 것을 이야기하고 싶다. 돈과 명예를 다 가진들 인격이 미달이면 무슨 의미가 있겠는가?

인생에서 과잉은 그보다 더한 과잉으로 이어지기 마련이다.

그리고 그 결말은 뻔하다. 그런데도 우리는 남들과 비교하며 '난 형편없어'라고 생각한다. 그렇지 않다. 우리는 때때로 자신을 공매도하곤 한다. 자신의 가치를 낮게 평가하거나 스스로 낮추는 것이다. 이 얼마나 어리석은가? 그 반대로 하라. 나중에 결과가 어떻게 되든지 무조건 자기 자신에게 투자하라.

인생은 남에게 인정받을 때가 아니라 스스로를 위해 노력할 때 좋아진다. 힘든 시간들이 모여 우리를 정의하게 될 것이다. 어려움을 받아들이고 자신과 친구가 되어야 한다. 자신을 있는 그대로 받아들이고 당당하게 살아가라. 성공에 대한 욕망에 휘둘려 자신의 본모습을 잃지 말라. 그렇게 해서는 결코 더 나은 사람이 될 수 없다. 가장 친한 친구가 언제든 의지할 수 있는 사람이 되어라. 자신이 한 말을 지키고, 등을 곧게 펴고 살아가며, 자신의 모습을 있는 그대로 편안하게 받아들이는 사람이 되어라.

가끔 돈 없이 지내는 훈련을 하라

세네카는 부에 관해 가장 많이 이야기한 스토아 철학자다. 세네카는 부유한 집안에서 태어나 평생 돈 걱정 없이 살았다. 또한 로마를 대표하는 지식인이자 네로 황제의 최측근이기도 했다.

하지만 세네카도 평생 부와 지위를 누리지는 못했다. 그의 말년은 비극적이었다. 네로 황제의 암살 음모에 가담했다는 혐의를 받고 정계에서 물러났으며, 서기 65년에는 결국 자살하라는 명령이 떨어졌다. 세네카는 아무런 저항 없이 자살로 생을 마무리했다.

그러나 세네카는 생의 마지막 3년 동안 여행을 다니며 최고의 철학적 저작을 남겼다. 그는 부에 대해 이렇게 말했다.

"부를 얻고 싶은 사람은, 부를 두려워한다. 부를 두려워하는

> 사람은 그 부가 불러올 책임과 문제를 걱정한다. 그리고 부를 열망하여 재산을 늘리는 데 집중하느라 정작 그것을 누리는 법은 잊어버린다."

부자가 되는 것이 인생을 걸 만큼 중요하다고 생각하는 사람은 무슨 일을 해서라도 더 많은 돈을 벌고자 한다. 더 많은 돈이 더 많은 행복을 가져다줄 거라고 생각하는 사람 역시 최선을 다해 더 많은 돈을 벌려고 노력한다. 이것이 수 세기 동안 이어져 온 돈의 심리다. 이들의 유일한 목표는 더 많은 재산을 축적하는 것이다. 그리고 그 과정에서 애초에 왜 돈을 벌고자 했는지는 잊어버리고 만다.

세네카가 말했듯이 금전적으로 바람직하지 못한 행동은 인류 역사상 전혀 새로울 것 없는 문제다. 2천 년 전에도 사람들은 같은 문제를 겪었으며, 아마도 기원전 600년경 돈이 사회에서 중요한 의미를 갖기 시작한 순간부터 쭉 이어져왔을 것이다.

스토아 철학은 돈을 바라보는 훌륭한 관점을 제시한다. 감정에 집착해서는 안 되는 것처럼 부를 추구하는 일에도 집착해서는 안 된다. 돈을 버는 이유는 기본적으로 사회에서 살아가기 위해서라는 사실을 항상 기억하라. 스토아 철학자들은 부가 개인의 행복을 결정한다고 생각하지 않았다. 돈이 아무리 많아도 인생을 즐기지 못하면 무슨 소용이 있을까? 가족과 함께하는 중요한 순간을 놓친다면 돈이 다 무슨 소용일까? 사람은 누구나 죽는다. 우리도 죽고 우리가 사랑하는 사람들도 죽는다.

　세네카는 정기적으로 돈이 없는 상황을 훈련했다. 때로는 빈털터리가 되었다고 가정하고 하루를 보내기도 했다. 낡은 옷을 입고, 거의 굶다시피 하며, 땅바닥에서 잠을 자기도 했다. 세네카는 이러한 훈련을 통해 돈이 없어도 두려워할 필요가 없다는 사실을 몸소 배웠다. 돈이 생기면 사람들은 그 돈을 잃게 될까 봐 두려워한다. 하지만 스토아 철학자들은 달랐다. 그들은 돈, 지위, 물건, 직업은 물론이고 심지어 사람에도 집착해서는 안 된다고 믿었다. 개인적으로 부자가 될 필요가 없다는 사실을 상기시키는 세네카의 방법이 마음에 든다. 당장 지금 땡전 한 푼 없다고 상상해보자.

　하루나 이틀 정도 일상의 사치를 내려놓고 간소하게 살아보라. 그러면 간소한 삶이 나쁘지 않다는 사실을 깨닫게 될 것이다.

　이렇게 하면 자유에 집착하는 사람들에게는 없는, 진정한 자유를 얻을 수 있게 될 것이다. 결국 진정한 부자란 돈 걱정을 하지 않아도 되는 사람이 아닐까?

말보다는 행동으로 보여주어라

이렇게 독자 여러분과 스토아 철학에 대해 이야기하는 것이 즐거운 이유는 스토아 철학이 일상생활에 곧바로 적용할 수 있는 실용적인 철학이기 때문이다. 얼마 전 주식 시장이 하락했지만, 나는 별다른 동요 없이 매달 정기적으로 투자하는 금액을 평소와 같이 입금했다. 하루 만에 수익이 수천 달러 하락했지만 개의치 않았다. 예전에는 주가가 조금만 떨어져도 당황하곤 했다. 하지만 지금은 주식 시장의 생리가 원래 그렇다는 사실을 기억하려고 노력하며, 이 또한 일시적인 현상일 뿐임을 알기 때문에 일희일비하지 않는다. 만약 금융 시스템 전체가 무너진다면? 그렇다면 그런 거지, 어쩔 수 있겠나? 설사 그런 재앙이 닥친다고 해도 나는 다른 해야 할 일을 해나갈 것이다.

철학이 인생을 바꿀 정도로 강력하다면 그 경험을 다른 사람에게도 나누고 싶어진다.

나는 한때 스토아 철학이 매우 유용하기 때문에 다른 사람들에게 그것에 대해 이야기해주는 것이 내 일이라고 생각했다. 하지만 스토아 철학자들은 그렇게 하지 않았다. 그들은 스토아 철학에 관심이 없는 사람에게 스토아 철학에 대해 이야기하지 않았다. 대신 자신들이 추구하는 철학을 스스로 실천하여 보여주었다. 에픽테토스는 이렇게 말했다. "양은 자기가 얼마나 먹었는지 보여주려고 주인에게 풀을 가져오지 않는다. 대신 풀을 소화해 우유와 양털을 생산한다. 마찬가지로 우리가 따르는 원칙을 남에게 보여주려고 과시하지 말라. 대신 그 원칙을 온전히 배우고 익혀서 행동으로 보여주어야 한다."

사람들에게 스토아 철학의 가르침을 들먹이며 통제할 수 없는 일에 시간을 낭비하지 말아야 한다고 말하는 것은 우리가 따르는 원칙을 남에게 보여주려고 과시하는 것처럼 느껴질 수 있다. 대부분의 사람들 귀에는 내 이야기가 이렇게 들릴 것이다. "나를 좀 봐. 인생의 해답을 찾았잖아! 이렇게 살면 모든 것이 더 나아질 거야!"

중요한 것은 실제로 원칙을 따라 살아가는 것이다. 에픽테토스가 우리가 따르는 원칙을 과시하지 말라고 말한 이유는 대부

분의 사람이 그 의도를 곡해해서 받아들이기 때문이다. 우리는 단지 '더 나은 인생을 살 수 있도록 도와주는 이 고대의 지혜를 이 사람에게도 전해주고 싶다'는 순수한 의도로 하는 말이지만, 상대방은 '나한테 왜 이런 말을 하는 거지? 사람을 바보로 아나? 철학 좀 안다고 뽐내는 거야, 뭐야!'라고 받아들일 수 있다.

다른 사람에게 영감을 불어넣을 수 있는 가장 좋은 방법은 어떤 상황에 놓이더라도 인격을 지키며 자신에게 주어진 책임을 다하는 것이다.

매일 눈을 뜨고 일어나 해야 할 일을 하는 이유는 그것이 우리의 사명이기 때문이지, 남들에게 우리가 어떤 원칙에 따라 살고 있다는 것을 과시하기 위해서가 아니다. 우리가 믿고 따르는 원칙을 실제 삶과 행동으로 보여줄 때 누군가는 분명히 스스로 다가와 그 비결을 물어볼 것이다.

　그런 사람에게는 얼마든지 생각과 조언을 공유하라. 배운 것을 더 많은 사람들과 공유할수록 세상은 한층 더 살기 좋은 곳이 될 것이다. 그리고 믿는 것을 더 많이 실천할수록 우리는 더욱더 신뢰할 수 있는 사람이 될 것이다. 이 모든 것을 과시하지 않고도 말이다!

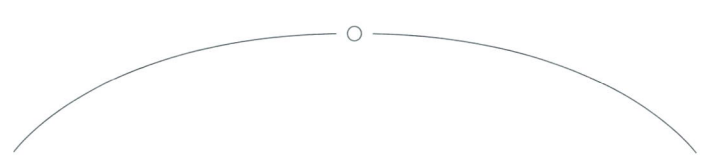

경력을 관리하는 법

"힘들게 노력해서 어떤 일을 성취해냈다면, 힘든 기억은 지나가고 그 성취는 오래 남는다. 순간적인 쾌락을 좇아 부끄러운 일을 행했다면, 쾌락은 지나가고 그 수치는 오래 남는다."

- 무소니우스 루푸스

즐겁게 일하고 틈틈이 휴식하라

지난주에는 쉬고 싶어서 데일 카네기에게 배운 대로 그냥 며칠 쉬었다. 《걱정을 멈추고 인생을 사는 법 How to Stop Worrying and Start Living》(한국에서는 《데일 카네기 자기관리론》이라는 제목으로 번역 출간되었다 - 옮긴이)에서 데일 카네기는 '피곤해지기 전에 쉬라'고 했다. 번아웃을 피할 수 있는 훌륭한 방법이다. 하지만 나는 그동안 지쳐서 숨이 턱 밑까지 차올라야 겨우 쉬곤 했다. 목이 말라야 물을 마시는 것과 마찬가지다. 갈증을 피하려면 수분을 미리미리 보충해주어야 한다. 몸의 피로도 마찬가지다. 몸이 휴식이 필요하다는 신호를 보낼 때 그 신호에 귀를 기울이는 것이 중요하다.

그렇다면 몸은 피곤할 때 어떤 신호를 보낼까? 다들 알다시피 그냥 무시하고 지나칠 수도 있는 작은 신호들이다. 잦은 두통, 무거운 눈꺼풀, 밤에 여러 번 깨고 푹 잠들지 못하는 수면장애,

집중력 저하, 예민함 같은 증상이 일반적으로 나타나면서 사소한 일에도 쉽게 짜증을 내게 된다. 나는 이러한 신호가 조금이라도 보이면 잠시 하던 일을 내려놓고 휴식을 취한다. 지난주에 며칠 휴식을 취한 이유다.

> 일도 중요하지만 건강하고 활기찬 삶도 중요하다.

스스로를 일상생활이 불가능할 정도로 한계까지 몰아붙이는 것은 누구에게도 도움이 되지 않는다. 그러므로 휴식이 필요하다. 하지만 때로는 짧은 휴식만으로는 해결되지 않을 때도 있고, 자칫 휴식이 너무 길어져 게으름이 생활 방식으로 이어지기도 한다. 쉬고 싶은 마음이 쌓이고 쌓이면 게으름을 피우게 된다. 나 또한 그랬다. 예전에는 하루 일과가 끝나면 소파에 누워 좋아하는 TV 프로그램을 보고 싶어 안달을 내곤 했고, 수요일만 되면 주말이 얼른 와서 쉬기를 고대했다.

차분하고 적당한 생활 방식을 권유했던 세네카도 지나친 휴식에는 반대했다. "때로는 휴식 자체가 불안한 상태로 이어지기도 한다. 게으름이 지나쳐 무기력한 상태가 되지 않도록 활동적으로 움직이고 몸에 익은 행위를 부지런히 수행해야 한다."

그렇다면 나는 어떤 삶을 살고 있었을까? 나는 휴식에서 안식을 찾으려 했지만, 사실 일을 회피하고 있었던 것이다. 그 당시

나는 일이 즐겁지 않았고, 스트레스로 잠도 잘 못 잤다. 세네카는 그 이유를 다음과 같이 설명한다. "진정한 마음의 평온은 이성적으로 사고할 때만 찾아온다. 밤이 되면 걱정이 사라지는 것이 아니라 또 다른 걱정으로 잠을 이룰 수 없다. 마음에 평온이 없다면 꿈조차 현실만큼 괴롭다. 진정한 평온은 올바른 마음가짐에서 비롯된다."

걱정을 달고 산다면 단순히 쉬는 것이 아니라 걱정을 멈출 수 있는 방법을 찾는 것이 답일 수 있다. 만성적인 스트레스를 유발하는 요인이 있다면 건강을 해칠 때까지 내버려두지 말고 바꾸거나 받아들여라.

하지만 단순히 과로로 지치고 짜증이 난 상태라면 잠깐의 휴식으로도 몸과 마음이 재충전될 것이다. 잠시 쉬고 나면 건강한 사람의 마음가짐으로 되돌아와 다시 신나는 마음으로 일할 수 있게 될 것이다. 일에서 즐거움을 찾으면 시도 때도 없이 휴식을 갈망하지 않고 정말로 필요할 때만 휴식을 취할 수 있게 된다.

마음에 평온이 없다면,
꿈조차 현실만큼 괴롭다.

워런 버핏이 최고의 투자자가 될 수 있었던 이유

나는 "넌 뭐든지 될 수 있어!"라는 말을 자주 들으며 자랐다. 그래서 학교 공부를 열심히 하고 건강관리를 잘해서 경력을 쌓는 데 시간과 노력을 쏟아야겠다고 다짐할 수 있었다. "원하면 무엇이든 할 수 있다"는 말은 매우 고무적이지만 사실이 아니다.

내가 자주 들었던 또 다른 말은 "네 인생이라는 영화의 주인공이자 감독은 바로 너야"라는 말이었다. 이 말은 인생을 독립적이고 주체적으로 살아가도록 동기를 부여하는 말이다. 그러나 에픽테토스는 인생을 약간 다른 관점으로 바라보았다.

"자신을 연극에 출연하는 배우라고 생각해보라. 단막극이든 장막극이든 극의 성격을 결정하는 것은 연출가다. 우리가 맡을 역할을 결정하는 것도 연출가다. 우리는 연출가의 결정에 따라 부자가 될 수도 있고 또는 거지가 될 수도 있다. 때로는 절름발이가 될 수도 있고, 왕이나 평민이 될 수도 있다. 배우에게는 배역을 결정할 권한이 없다. 뛰어난 배우처럼 우리는 인생에서 자신에게 주어진 역할을 능숙하게 연기해야 한다. 우리가 어떤 역할을 맡을지는 다른 사람 손에 달려 있다."

처음 이 말을 읽었을 때는 조금 서글펐다. 그전까지는 모든 사람이 각자 인생이라는 연극의 감독이자 주인공이라고 생각했기 때문이다. 하지만 현실을 있는 그대로 바라보아야 한다.

인생에서 주어진 어떤 것들은 우리 힘으로 바꿀 수 없다.

워런 버핏이 성공적인 투자자가 될 수 있었던 비결을 묻는 질문에 어떻게 답했는지를 떠올릴 때마다 그의 겸손함에 감탄하곤 한다. 버핏은 자신의 성공이 '운'이었다고 말했다. 가치투자 이론의 창시자인 벤저민 그레이엄이 살던 시대에 미국에서 백인 남성으로 태어난 덕분에 성공할 수 있었다고 말이다. 버핏은 동업자인 찰리 멍거와 함께 버크셔 해서웨이의 연례 주주총회에서 자신들이 얼마나 운이 좋았는지에 대해 이야기했다. "우리는 둘 다 30 대 1의 확률을 뚫고 미국에서 태어났다. 미국에서 태어났다는 것이 곧 엄청난 행운이다."

　버핏은 분명히 매우 겸손하다. 비범한 천재이기도 하다. 하지만 그의 말대로 만약 다른 시대에 다른 나라에서 태어났어도 지금과 같은 인생을 살 수 있었을까? 버핏이라면 어디서든 잘 살았겠지만 역사상 최고의 투자자가 되지는 못했을 것이다. 이 사실을 곧이곧대로 받아들이기란 쉽지 않다.

　요즘 사람들은 잠재력을 포함해 모든 것이 무한하다고 믿는다. 우리는 소셜미디어에서 남들이 호화롭게 사는 모습을 보고, 직장에서 나이도 어리고 경력도 얼마 안 된 사람들이 승진하는 모습을 본다. 그리고 집에 돌아가면 배우자나 부모님이 "지금쯤이면 너도 CEO가 되어야 하지 않겠니?"라고 묻는다.

　우리는 무엇이든 할 수 있다는 말로 스스로에게 혹은 다른 사람에게 용기를 북돋우고 희망을 주고 있다고 생각하지만 사실 모두에게는 한계가 있다. 회사, 스포츠, 사회 계층을 막론하고 어디서든 모두가 정상에 오를 수 있는 것은 아니다. 때로는 불운이 닥치기도 한다. 인생이 본디 그런 것이다. 그게 잘못된 것은 아니다.

　그러나 우리는 서로를 의미 없이 격려하며, 이러한 현실을 집단적으로 무시한다. 문제는 우리가 끊임없이 불만족스러운 상태로 살아간다는 것이다. 개인적으로 선진국의 불행은 바로 이런 현상에서 비롯되었다고 생각한다.

우리네 인생은 실제로는 전혀 나쁘지 않다. 그런데 나쁘다고 생각하면서 한계가 없는 비범한 삶을 기대하는 것이 문제다.

"소셜미디어에서 50만 팔로워를 거느린 백만장자이자 세계 챔피언이 되어야 한다." 정신 차려라. 현실로 돌아와라. 에픽테토스와 버핏이 지적했듯이, 인생에는 우리가 통제할 수 없는 부분이 존재한다. 그래도 우리는 21세기에 태어난 덕분에 더 나은 삶을 살 수 있는 기회가 있다. 에픽테토스가 살던 시대에는 그런 기회조차 없었으며, 가난하게 태어나면 가난하게 살다가 죽어야 했다. 우리가 사는 시대는 그 정도는 아니지 않은가.

하지만 이 세상에 태어나는 순간부터 운이 작용한다는 사실은 결코 변하지 않을 것이다. 언제 어디서 태어났는지, 어느 집안에서 태어났는지, 어떤 신체조건과 재능을 타고났는지 등이 태어나는 순간 결정된다. 그럼에도 우리는 여전히 주어진 것을 최대한 활용하며 살아갈 수 있다. 우리는 각자의 인생이라는 연극의 배우다. 그러므로 저마다 주어진 역할을 최선을 다해 연기하면 된다.

타인의 인정보다 중요한 것

팬데믹 기간 동안 많은 이들이 재택근무를 하며 평소보다 더 많은 시간을 홀로 보냈다. 하루 종일 우리가 무얼 하는지 지켜보는 사람이 아무도 없었던 그 시간은 무엇이 내게 진정으로 동기를 부여하는지 알아낼 수 있는 완벽한 기회였다.

우리는 남에게 인정받을 때 동기를 부여받곤 한다. 어떤 직업을 선택할지, 어떤 책을 읽을지, 어떤 옷을 살지, 소셜미디어에 어떤 사진을 올릴지, 어떤 사람과 어울릴지 등을 남의 시선과 평가를 통해 결정한다.

솔직히 나는 인생의 대부분을 이런 식으로 살아왔다. 그러나 스토아 철학을 내 삶에 적용하기 시작하면서부터 외부의 인정

에 기대지 않게 되었다. 세네카, 마르쿠스 아우렐리우스, 에픽테토스의 저서를 읽으면서 인생은 남들이 나를 어떻게 인식하느냐에 달려 있지 않다는 사실을 깨달았다. 중요한 것은 내가 나를 어떻게 생각하는지다. 하루가 끝나면 우리는 내면의 목소리와 가장 많은 시간을 보내게 된다. 그렇기 때문에 자신을 좋아할 수 있는지가 중요하다. 이상하게 들릴지 모르겠지만 혼자 있는 시간을 즐기는지 생각해보라. 단 몇 분이라도 말이다. 아니면 항상 남들이 뭘 하고 있는지 궁금해하는가? 아니면 어제 누가 나에 대해 무슨 말을 했는지 궁금해하는가? 아니면 내가 자주 그랬던 것처럼 앞으로 인생을 어떻게 살아갈지를 고민하는가?

항상 외부적인 것만 생각하고, 다른 사람에게 인정받는 것이 인생의 목표가 되면, 자기 자신을 잃어버리게 된다. 에픽테토스가 남긴 명언이 있다. "외부의 인정을 쫓으면 자신의 원칙과 가치관을 버리고 타협하게 된다. 스스로 옳다고 믿는 원칙에 따라 사는 것에 만족하라. 증인은 나 자신으로 충분하다. 다른 사람은 필요 없다."

마음에 크게 와닿는 말이다. 우리는 어렸을 때부터 다른 사람에게 인정받기 위해 노력해왔다. 실제로 학생 때는 성적이 좋아야 선생님과 부모님께 칭찬을 받을 수 있었고, 외부의 승인이 있어야만 학교를 졸업할 수 있었다. 그러나 안타깝게도 우리는 성인이 되어서도 여전히 타인의 기대에 부응해 인정받으려고 노력한다.

우리는 인생의 모든 면에서 다른 사람의 인정을 받고자 한다. 집에서는 연인이나 배우자의 기대에 부응하고자 노력하며, 직장에서는 상사나 동료의 기대에 부응하고자 노력한다. 사업장에서는 고객의 기대에 부응하고자 노력한다. 다 좋다. 하지만 누군가를 기쁘게 해주는 것이 우리가 사는 이유가 되어서는 안 된다. 연애할 때는 연인과 함께 보내는 시간에서 즐거움을 느껴야 한다. 직장에서는 우리가 하는 일에서 만족감을 느껴야 한다. 사업장에서는 우리가 제공하는 제품과 서비스에 자부심을 품어야 한다.

남이 인정해주든 말든 우리는 할 일을 해야 한다. 나도 예전에는 그러지 못했다. 고등학교 시절 농구팀에서 뛸 때는 쉬는 날에 절대 훈련을 하지 않았고, 직장을 다닐 때는 주변에 상사나 팀원들이 있을 때 더 열심히 일했으며, 상사가 쉬는 날에는 게으름을 피우곤 했다. 그리고 저녁이나 주말에는 절대 일을 하지 않았다. 내 인생의 증인은 외부인이었다. 돌이켜보면 팀원, 코치, 상사, 심지어 나 자신에게조차 공정하지 못한 행동이었다. 스스로 하고자 하는 의지가 없다면 최선의 성과를 기대할 수 없다.

아무도 보지 않을 때 어떻게 행동하는가? 그 모습이 우리를 정의한다. 일을 하는 이유가 나 자신에게 의미가 있기 때문인가? 일찍 출근하는 이유가 연습이 기대되기 때문인가? 책을 읽는 이유가 더 배우고 싶기 때문인가? 배우자를 배려하는 이유가 그 사람을 아끼고 사랑하기 때문인가? 아무도 보지 않는 곳에서 최선을 다할 때, 우리 인생의 증인은 자신만으로 충분하게 된다. 이것이 바로 자기 동기 부여의 정점이다.

> 우리는 인생의 원동력을 타인의 인정이 아니라 자신의 내면에서 찾아야 한다.

마음가짐을 바꾸고 스스로가 자기 인생의 증인이 되면 굳이 다른 사람에게 인정받지 않아도 최선을 다해 살아가게 된다. 인생을 어떻게 사느냐는 결국 자기 책임이다.

스스로 옳다고 믿는
원칙에 따라 사는 것에 만족하라.
증인은 나 자신으로 충분하다.

추측하지 말고 정확하게 말하라

말로 하면 쉽지만 글로 쓰면 어렵다. 사람들은 말을 할 때보다 글을 쓸 때 정확하게 표현하려고 더 많은 노력을 기울인다. 최대한 명확하고 간결하게 쓰려고 한다. 하지만 말을 할 때는 별다른 내용 없이 주절주절 말을 늘어놓기 십상이다. 실제로 대화를 하다 보면 무슨 말을 하고 싶은지도 모르면서 말을 하고 있는 나 자신을 발견하곤 한다. 이는 그저 말을 하기 위한 말이다. 특히 주의 깊게 생각하지 않고 말을 할 때면 헛소리나 부정확한 말을 늘어놓게 된다.

가령 관찰에 판단이 개입되는 경우가 많다. 에픽테토스는 이렇게 말했다. "누군가 목욕을 빨리 끝낸다면 목욕을 제대로 안 했다고 말하지 말고 빨리 끝냈다고 말하라. 술을 많이 마시는 사람에게 술꾼이라고 말하지 말고 술을 많이 마신다고 말하라. 상대방이 왜 그렇게 행동하는지 알지도 못하면서 어떻게 그렇게 확신에 찬 부정적인 판단을 내릴 수 있는가? 다른 사람의 행동을 속단하지 않으면 괜한 오해도 생기지 않는다."

요즘에는 특히 인터넷에서 이런 일이 자주 발생한다. 주관적인 의견이나 취향에서 조금만 벗어나면 상대방에게 혐오론자, 부정론자, 줏대 없는 인간, 극단주의자, 호구 등의 꼬리표를 붙인다. 이런 꼬리표는 관찰에 판단이 개입된 경우다. 하지만 그렇다고 해서 그 사람들의 생각이 전부 틀렸거나 나쁘다는 것은 아니다. 단지 관찰은 관찰일 뿐 판단이 정확하지 않다는 뜻이다.

스토아 철학은 근본적으로 우리가 다른 사람의 생각을 알 수 없다는 사실을 전제한다. 그러므로 다른 사람들이 특정한 행동을 하는 이유를 섣불리 추측하지 말아야 한다는 것이다. 그러나 많은 이들이 다른 사람의 행동이나 말을 놓고 그 이유를 추측하기를 좋아한다. 사실이 아닌 가정과 지어낸 이야기를 근거로 판단을 내린다. 정말이지 정확성과는 동떨어진 사고방식이다.

스토아 철학자처럼 살고자 한다면 정확하게 말하는 연습을 하라.

정확하게 말하기 위해서는, 먼저 글쓰기로 연습을 시작하자. 글로 쓰게 되면 말하고자 하는 내용을 더 깊이 생각하게 된다. 문

장을 쓸 때는 더 오래 생각할 수도 있고, 지우고 새로 쓸 수도 있지만 대화에서는 그렇게 할 수 없다. 게다가 한번 들은 말은 잘 잊히지 않는다. 격렬한 언쟁 중에 튀어나온 비난이나 모욕적인 언행은 상대방에게 상처를 주기도 한다. "그런 뜻이 아니었어!"라고 말해도 한번 뱉은 말은 주워 담을 수 없다. 말을 정확하게 한다는 것은 섣부른 추측을 피하는 것을 넘어서, 자신이 진정으로 말하고자 하는 바를 분명하게 표현하는 것을 의미한다.

 나도 스토아 철학을 공부하고 실천하기 전까지는 의사소통을 정확하게 하려고 노력하지 않았다. 그냥 머릿속에서 떠오르는 생각을 대충 말하곤 했다. 일반적인 경우에는 문제가 되지 않았지만, 중요한 대화를 할 때는 문제가 발생하기도 했다. 예를 들어, 배우자와 말다툼을 하다가 감정이 격해졌을 때 말을 잘못하면 상황이 악화될 수 있다.

"차라리 갈라서는 게 낫겠어"라며, 홧김에 말실수를 했다가 곧바로 후회해봤자 돌이킬 수 없다.

혹은 동업자와 대화를 나누다가 무심코 "이 일이 잘 될지는 모르겠어"라고 말하는 경우도 마찬가지다. 본인은 스스로 신중하다고 생각할지 모르나, 듣는 사람은 '자신이 없구나'라고 생각할 수도 있는 것이다.

내가 글쓰기를 좋아하는 이유 중 하나는 이런 말실수를 줄이고 정확하게 말하는 습관을 들이는 데 도움이 되기 때문이다. 글을 쓸 때마다 시간을 들여 여러 번 수정을 거쳐 정확하게 작성하는 연습을 하라. 정확하게 글을 쓰다 보면, 말을 할 때도 정확하게 말하려는 습관이 생길 것이다.

스토아 철학은 여러모로 유용한 학문이다. 감정을 다스리는 데 도움이 될 뿐만 아니라, 효과적인 의사소통을 통해 다른 사람과의 관계를 개선하는 데도 도움이 된다. 개인적으로는 스토아 철학을 알지 못했다면 이 책도 쓰지 못했을 것이다.

그리고 이 모든 것은 세네카, 에픽테토스, 마르쿠스 아우렐리우스가 자신의 생각을 명확하게 글로 남겨둔 덕분에 가능했다.

누군가 목욕을 빨리 끝낸다면
목욕을 제대로 안 했다고 말하지 말고
빨리 끝냈다고 말하라.
다른 사람의 행동을 속단하지 않으면
오해도 생기지 않는다.

더 적게 하면 더 잘할 수 있다

얼마 전 평소에 운동을 많이 하는 친구와 대화하다가 무릎을 다쳐서 하체 운동을 제대로 못하고 있다는 이야기를 들었다. 어떻게 된 일이냐고 물었더니, "너무 무리했나 봐"라는 대답이 돌아왔다. 그 친구는 일주일에 두 번 복싱 레슨을 받고, 수시로 달리기와 근력운동을 한다. 몸이 감당할 수 있는 수준을 넘어서 운동을 할 때는 프로 운동선수처럼 회복에 신경 쓰지 않으면 필연적으로 부상을 당할 수밖에 없다.

내면의 목소리는 "더 많은 일을 하라!"고 외친다. 평일에 더 많이 일하고 주말에 더 많이 놀면, 더 좋을 것이라는 생각을 하고 있는가? 그렇다면 결국 더 바쁘고 더 정신없는 삶을 살게 될 뿐이다.

목표, 업무, 프로젝트, 돈, 휴가, 옷, 여행, 운동 등 뭐든지 많으면 많을수록 좋을 것 같은가? 나 또한 바쁘게 살면 뭔가 뿌듯한 기분이 느껴지곤 했다. 지금 하는 일이 즐거울뿐더러 워낙 활동적인 성향 탓에 일도 많이 한다. 글도 많이 쓰고, 팟캐스트도 녹음하고, 새로운 영상도 만들고, 가족 사업에도 열심히 참여하고, 틈틈이 여행도 다닌다. 이처럼 바쁘게 살 때는 이런 생각으로 가득하다. '더 바쁘게 살아도 부족해. 전부 더 할 수 있어!'

하지만 이런 기분은 설탕 중독과도 같아서 오래가지 못한다. 마치 여섯 살짜리 아이가 사탕 한 봉지를 다 먹고 폭주하는 것과 다르지 않다. 단 것을 먹고 흥분해서 뛰어놀지만 얼마 지나지 않아 급격하게 기운이 빠진다. 설탕을 과다 섭취하고 난 뒤에는 잠만 자고 싶을 정도로 피로감이 한꺼번에 몰려온다. 이처럼 순간적인 성취감에 중독된 상태를 전전하다가는 진정한 평화를 찾을 수 없다. 무리해서 운동을 하다가 무릎을 다친 내 친구처럼 결국에는 스스로를 다치게 만들 수도 있다.

부상과 부상 사이를 왔다갔다하며 살고 싶은 사람은 없다. 중간중간 건강한 기간이 있다 하더라도 그것이 만족스러운 삶이 될 수는 없다.

부상을 당하고, 회복하고, 운동을 못해서 초조해하다가 다시

운동을 시작하고, 다시 부상을 당할 때까지 열심히 하는 악순환을 반복하는 것보다 더 나은 삶의 방식이 있다. 아우렐리우스는 "평온을 추구한다면 덜 일하라"라고 했다. 얼핏 '이게 맞나?'라는 생각이 들 것이다. 우리는 일을 많이 하면 삶이 더 나아질 거라는 생각에 본능적으로 일을 더 많이 하려 하기 때문이다. 하지만 일을 덜 하면 정말 중요한 일에만 집중할 수 있게 되며, 보다 일관된 삶을 살 수 있다.

아우렐리우스는 이어서 이렇게 말했다. "(많은 일이 아니라) 꼭 필요한 일을 하라. 즉, 사회적 존재로서 이성이 요구하는 일을 그에 합당한 방식으로 행하라. 그러면 더 적게 일하면서 더 잘할 수 있다. 우리의 말과 행동은 대부분 필수적이지 않기 때문이다. 불

필요한 말과 행동을 줄일 수 있다면 더 많은 시간과 평온함을 얻을 수 있다. 매 순간 스스로에게 '이것이 꼭 필요한가?'라고 질문하라. 불필요한 가정도 자제하라." 나는 스스로에게 이렇게 묻곤 한다.

"지금 하고 있는 일 가운데 굳이 안 해도 될 일은 무엇인가?"

어쩌면 본업 외에 따로 진행하고는 있지만 좌절감만을 안겨주는 프로젝트일 수도 있고, 금요일마다 나가는 동호회 모임일 수도 있다. 무엇이든 본인이 판단하기 나름이다. 적어도 지금은 잠시 내려놔라. 원하면 언제든 다시 시작하면 된다. 일상에서 불필요한 일을 정리하고 중요한 일에 집중하라.

시작한 것은 끝내라

인생에서 때로는 완벽한 계획을 세우는 것보다 계획을 끝까지 완수하는 것이 더 중요할 때가 있다. 나는 대학에서 경영학을 전공했는데, 동기들과 함께 이 길이 정말 내 길이 맞는지 의심하곤 했다. 자신이 원하는 것을 하는 데 경영학 학위가 정말로 필요할까 확신하지 못하는 친구들도 많았다.

그 친구들은 끊임없이 다른 전공을 알아보고 비교하곤 했다. "다른 전공을 하면 어떨까?" 하지만 나는 그러지 않았다. 물론 당시만 해도 나는 졸업 후에 무엇을 하고 싶은지도 전혀 몰랐다. 다만 한 가지 확실한 것은 결정한 일은 끝까지 해보자는 것이었다. 길어봤자 4년이었다. 전문직에 종사할 생각은 전혀 없었기 때문에 학점으로 스트레스를 받을 일도 없었다. 열심히 배우고 대학 생활을 즐기며 4년 안에 학위를 마치는 데만 집중했다.

공부를 마치지 않고 중도에 포기한 몇몇 친구들은 이후 다른 일도 툭하면 그만두곤 했다. 물론 그중에는 진짜로 전공 선택을 잘못한 경우도 있었다. 그 친구는 결국 물리치료사가 되었다. 때때로 계획을 잘못 세워 잘못된 방향으로 빠질 수도 있다. 그러면 방향을 수정하면 된다.

힘들어서 그만두고 싶은 것인지 아니면 정말 잘못된 길로 가고 있는 것인지 제대로 분별할 수 있어야 한다.

이때 우리가 내린 결정에 너무 많은 의미를 두면 불안감과 압박감에 짓눌리게 된다.

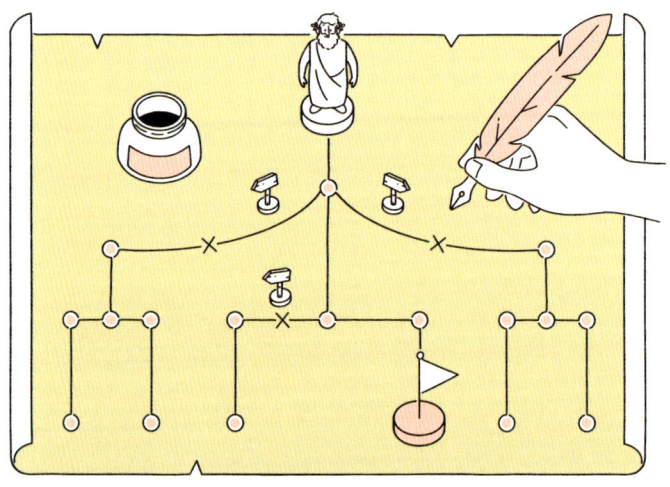

하지만 세상에 영원한 것은 없다. 경영학 학위를 취득하고 예술 분야에서 일하게 될 수도 있다. 레스토랑에서 일하다가 투자자가 될 수도 있다. 인생은 길다. 때때로 우리는 잘 풀리지 않는 길로 들어서기도 한다. 하지만 끈기 있게 매달리면 더 강인해지고 더 현명해질 수 있다.

말한 대로 행동하면 신뢰할 수 있는 사람이 된다.

스토아 철학자들에게는 무엇을 하느냐보다 어떻게 하느냐가 더 중요했다. 행동의 결과보다 태도와 과정, 원칙이 중요한 것이다. 에픽테토스는 이렇게 말했다. "일단 어떤 일을 하기로 마음먹었다면, 끝까지 밀고 나가라. 그리고 그것을 완수하려고 노력하라. 사람들이 뭐라고 하든 신경 쓰지 마라. 다른 사람 말에 휘둘려서는 안 된다."

일단 어떤 일을 하기로 마음먹었다면, 내면의 저항뿐만 아니라 에픽테토스의 말처럼 다른 사람들의 말과도 맞서야 한다. "그게 정말 옳은 결정이라고 생각하니?" 직업을 선택하거나, 창업을 하거나, 결혼을 하거나, 학위를 취득하거나, 여행을 떠나는 등 새로운 일을 하려고 할 때 자주 받는 질문이다. "정말 확신해?"라는 질문을 받으면 많은 사람이 자신을 의심하기 시작한다. 질문을 던진 사람은 우리가 신중하게 생각하도록 도와주려는 것일 수도 있고, 일부러 스스로를 의심하게 만들어 하려던 일을 그만두기를 바라는 것일 수도 있다. 하지만 그 의도가 선하든 악하든 전혀 상관없다.

  중요한 것은 다른 사람 말에 휘둘리지 않는 것이다. 당신이 무언가를 하고 싶고 그것이 옳은 일이라는 확신이 있다면 주저하지 말고 실행하라. 그리고 한번 시작한 일은 끝까지 마무리하라. 다른 사람이나 자신에게 해를 끼치지 않는 한, 원하는 것은 무엇이든 해볼 수 있다. 마음 먹은 일은 끝까지 완수하려고 노력하라. 이를 꾸준히 실천하면, 결국 스스로를 신뢰할 수 있는 사람이 된다. 자신이 결국에는 말한 대로 행동하는 사람임을 알게 되기 때문이다.

오늘 행동하면 내일이 바뀐다

지금 당신의 삶은 어떠한가? 세상에서 벌이지는 일들은 잠시 잊고, 당신에게 정말 중요한 것들만 돌아보라. 우리는 대부분 성품, 일관성, 행복, 건강 등을 중요하게 생각한다. 즉, 우리가 통제할 수 있는 것들이다.

우리가 중요하게 생각하는 것을 기준으로 1년 전과 비교했을 때 지금 더 나아졌는가? 더 나아지지 않았다면 최소한 비슷한가? 그렇지 않다면 그 시간 동안 소리 없이 마음을 갉아먹는 무언가가 있다는 뜻이다. 나도 스토아 철학을 실천하며 하루하루 꾸준히 자신을 계발하고 지혜를 사랑하는 이 길을 걷기 전까지는 '내가 지금 뭘 하고 있는 걸까?'라고 생각하는 순간이 많았다. 경력이나 성공에 대한 걱정은 아니었다. 딱히 거창한 목표를 달성하겠다는 야망도 없었다. 단지 몸과 마음을 최대한으로 활용

하지 못하고 있다는 느낌이었다. 그렇게 수동적인 태도로 살다 보니 내 인생은 언제나 제자리걸음이었다. 그러다 내 삶을 돌아보기 시작했다. 에픽테토스는 말했다. "굳이 미래를 알기 위해 점성술사를 찾아갈 필요는 없다." 오늘 자신이 어떻게 행동했는지를 살펴보면 어떤 미래가 펼쳐질지 예상할 수 있기 때문이다.

- 오늘 새로운 것을 배우지 않는다면 1년 후에도 더 똑똑해지진 않을 것이다.
- 오늘 힘들게 운동하지 않는다면 1년 후에도 더 건강해지진 않을 것이다.

우리가 통제할 수 있는 것은 이 두 가지뿐이다. 그러므로 경제나 지정학 따위를 걱정하는 것은 무의미하다. 에픽테토스는 이 세상이 앞으로 어떻게 될지는 우리가 통제할 수 있는 것이 아니므로 "의미를 두지 말라"고 말했다.

그러나 우리가 어떻게 행동할지에는 모든 의미를 부여해야 한다. 오늘 행동을 바꾸면 내일을 바꿀 수 있다. 나의 내일을 바꾸기 위해 내가 했던 일은 다음과 같다. 먼저 3년 동안 책을 일주일에 두 권씩 읽었다. 그리고 아령을 들고 꾸준히 조깅을 했다. 책을 쓰고 강좌를 만들었다. 이 모든 과정에서 돈을 얼마나 벌었는지 혹은 휴가철 바닷가에서 과시할 만큼 완벽한 몸매를 가꾸었는지 같은 외적인 목표에 초점을 맞추지 않았다.

> 스스로를 발전시켜 나가다 보면 인생 전체가 바뀌는 것은 시간 문제다. 하지만 진정으로 변화를 원한다면 반드시 기억해야 할 것이 있다. 바로 이 여정의 99퍼센트는 전혀 진전이 없는 것처럼 느껴진다는 사실이다.

그러나 의심하지 말고 계속 나아가면 된다. 배우고, 일하고, 운동하며 하루를 보내고 나면 잠자리에 들 무렵에는 피로가 몰려올 것이다. 바로 하루를 알차게 보냈다는 증거다. 그 기분 좋은 피로감을 소중히 여겨야 한다. 우리가 앞으로 나아가고 있다는 신호이기 때문이다. 당장 큰 진전이 보이지 않는다고 좌절하지 말고 잠자리에 들 때 어떤 기분이 드는지 점검해보라.

    정체된 삶에 대한 걱정과 불안으로 잠을 이루지 못한다면 변화를 시도할 때다. 하지만 잠자리에 누웠을 때 하루를 최대한으로 살아내느라 피곤하다면, 더 나은 미래를 만들어가고 있다는 뜻이다. 하루하루 똑똑해지고, 나아지고, 강해지고 있다는 증거다.

인간관계를 관리하는 법

"끊임없이 나를 놀라게 하는 사실이 하나 있다. 바로 우리가 다른 누구보다 자신을 사랑하면서 정작 자신의 의견보다는 다른 사람의 의견에 더 귀를 기울인다는 것이다."

- 마르쿠스 아우렐리우스

남에게 관심을 끄고 나에게만 집중하라

네덜란드에 '이엠안트 인 자인 바르데 라튼 Iemand in zijn waarde laten' 라는 번역하기 어려운 속담이 있다. 의역하면 '다른 사람을 있는 그대로 받아들이고 설득하려 들지 말라' 정도가 된다. 하지만 좀 더 정확하게 문장 그대로 옮기자면 '누군가를 그들의 가치 안에 남겨두어라'라고 직역할 수 있다. 즉, 상대방의 존엄성을 지켜주라는 뜻이다.

나와 생각이 다르다고 해서 상대방의 신념을 공격하거나 비하하지 말아야 한다는 이야기다. 얼마 전 자영업을 하는 이웃과 이야기를 나눴다. 그는 기업이나 가정에 정수 처리 시스템을 설치하는 일을 하며, 매일 수많은 사람들을 만난다. 그와 이야기를 나누다가 갑자기 이웃 주민의 입에서 그 속담이 튀어나왔다. 자기는 친구가 자신과 반대되는 견해를 가지고 있더라도, 상대방을 있는 그대로 받아들인다는 것이다.

　호기심에 그게 구체적으로 무슨 뜻이냐고 물었다. 그는 친구가 자기를 설득하기 위해 유튜브 동영상까지 보여주며 애쓰면, 그저 조용히 친구의 말을 들어준다고 했다. 그렇게 별다른 반응이 없으면 친구도 더 이상 그 주제를 꺼내지 않는 것이다. 왜냐하면 논쟁을 키울 '먹이'를 주지 않기 때문이다. 그는 상대방과 의견이 다르더라도 굳이 자신의 생각을 강요하지 않고, 상대방을 판단하지도 않는다. 결국 서로의 존엄성을 지켜주는 것만이 견해가 다른 사람과도 친구로 지낼 수 있는 유일한 방법이다.

> "소박한 삶을 살기로 했다면, 굳이 드러내지 말라. 소박한 삶을 실천하고 싶다면 남에게 보이기 위해서가 아니라 자신을 위해서 조용히 실천하라."

　에픽테토스가 고대 그리스의 니코폴리스에 있는 철학 학교에서 가르쳤던 내용이다. 나는 처음 스토아 철학을 접했을 때 이 좋은 내용을 내가 아는 모든 사람과 공유하고 싶었다. 내 삶에 긍정적인 영향을 미친 무언가를 발견하면 주변 사람들에게 알려주고 싶은 마음이 들기 마련이다.

　어려움을 겪고 있는 사람들을 돕고자 하는 마음은 선한 본성에서 우러나온 것이다. 하지만 스토아 철학에서는 조용히 실천하며, 철학적인 이야기는 뜻을 같이하는 사람들과만 하는 것이 원칙이다. 세네카는 루킬리우스에게 보낸 편지에서 이 같은 스토아 철학의 원칙을 이야기하곤 했다. "최대한 혼자서 자신을 깊이 들여다보는 시간을 가져라. 그리고 내가 더 나은 사람이 되게끔 해주는 사람들과 어울려라."

얼핏 이기적으로 들릴 수도 있지만 곱씹을수록 고상한 조언이다. 스토아 철학은 모든 사람을 있는 그대로 받아들인다. 다른 사람의 생각을 바꾸려고 애쓰지 않는다. 상대방을 존중하는 것이다. 우리가 누군가의 관점을 바꾸려고 할 때는 그 사람이 왜 그렇게 생각하는지 이해하지 못하거나 이해하려고 노력조차 하지 않기 때문일 때가 많다. 정치적으로 양극단에 있는 사람들만 봐도 알 수 있는 사실이다.

나는 가끔 에픽테토스가 오늘날 살아 있다면 어떻게 행동할지 궁금하다. 소셜미디어 계정은 만들었을까? 유튜브에 자신의 소박한 삶을 과시했을까? 트위터에서 자신이 가진 지혜를 나누었을까? 뭐가 됐든, 스토아 철학에 관심이 있는 사람들과 자신의 사상을 나누는 것에 집중했을 것 같다. 아무리 요즘이라 해도 에픽테토스가 새로 뽑은 차를 타고 있는 사진을 소셜미디어에 올리고 자랑하는 모습은 상상하기 힘들다. 스토아 철학자들은 자신의 내면에 집중하는 삶을 살았던 사람들이기 때문이다.

내면에 집중하는 삶을 살고 싶다면, 되도록 많은 것을 자신만의 것으로 간직하는 법도 배워야 한다. 굳이 다른 사람의 말이나 행동에 일일이 반응할 필요 없다. 그저 있는 그대로 받아들이면 된다.

이는 우리가 할 수 있는 가장 고상한 행동일 뿐만 아니라 더 깊고 지속적인 만족감을 준다. 왜냐하면 그 순간 당신은 무엇보다도 스스로를 가장 소중히 여기고 있기 때문이다.

남에 대한 판단을 멈추고 자신을 돌아보라

남의 잘못은 빠르게 비난하면서 정작 자신의 잘못은 눈감고 넘어갈 때가 많다. 얼마 전 어느 매장에 갔다가 점원이 반품을 받아주지 않자 화를 내는 고객을 목격했다. 정확히 어떤 상황인지는 모르겠지만 그 고객은 욕설을 퍼부으며 매니저를 불러달라고 요구하기 시작했다. 매니저가 나타났지만 정책에는 변화가 없었기 때문에 결국 반품은 받아들여지지 않았다. 그 고객은 자신이 원하는 대로 되지 않자 더욱 더 화를 냈다.

점원이 반품을 거부한 것에는 분명 타당한 이유가 있었을 것이다. 그렇다면 고객의 공격적인 행동은 과연 타당하다고 할 수 있을까?

우리는 모두 무엇이 옳은지 그른지를 판단할 수 있다. 하지만 막상 본인이 그 상황에 처하면 판단력이 흐려지곤 한다.

예전에 나도 은행 직원에게 화를 냈던 적이 있다. 신규 계좌를 신청했는데, 은행에서 전화가 와서 여러 가지 질문을 했다. 은행 정책상 당연히 거쳐야 하는 절차였지만 괜스레 짜증이 나서 이런 질문이 꼭 필요한 거냐며 언성을 높이기 시작했다. 고성이 오갔고 결국 나는 계좌 개설을 취소해버렸다. 전화를 끊고 나서도 하루 종일 화가 풀리질 않았다. 얼마 후 마르쿠스 아우렐리우스의 《명상록》을 읽다가 내게 너무나도 필요한 구절을 발견했다.

"누군가 잘못된 행동을 할 때는 나도 똑같은 행동을 한 적은 없는지 돌아보라. 돈이나 쾌락이나 사회적 지위를 선이라 여겼던 적은 없는지 돌아보라. 상대방도 어쩔 수 없는 충동에 그렇게 행동했을 것이라는 사실을 깨닫는 순간 분노는 사그라들 것이다."

당대 최고 권력자였던 아우렐리우스가 이처럼 겸손한 마음가짐을 가졌다는 사실이 놀랍지 않은가? 그는 사람들을 '나쁜 사람'이라고 단정 짓는 대신, 그 행동에 비추어 자신을 돌아보았다. 스토아 철학에서 내가 배운 것이 바로 이것이다. 예전에는 대부분의 사람이 그렇듯이 남 눈의 티끌은 보고 내 눈의 들보는 보지 못했다. 우리는 용납할 수 없는 행동을 하는 사람을 보면 당연히 자신이 그 사람보다 낫다고 생각한다. 몇 년 전 비행기 안에서 술에 취한 사람을 보고 동생에게 "저 사람 좀 봐. 정말 개차반이네. 왜 저러는 거야?"라고 말한 적이 있다. 그러나 이제는 아우렐리우스의 방식으로 세상을 바라보려 한다. 누군가를 비난하는 대신 그것을 기회로 삼아 자신의 내면을 돌아보는 것이다. 판단을 멈추고 자신을 돌아보라.

> 스스로 옳다고 믿는 가치관에 따라 살지 않던 순간을 떠올려보라. 그리고 앞으로는 어떻게 하면 그런 일을 피할 수 있을지 생각해보라.

하지만 그렇다고 해서 잘못된 행동을 무조건 눈감아주라는 뜻은 아니다. 누군가 우리에게 잘못된 행동을 하면 어떻게 대응해야 할까? 나는 어머니가 다른 사람을 대하는 방식을 좋아한다. 어머니는 단호하지만 무례하지 않게 자신의 생각을 말한다. 하지만 동시에 어머니는 헛소리는 절대 참아주지 않는다. 이렇게 행동하기란 결코 쉽지 않다. 대개는 지나치게 극단적으로 반응하기 때문이다.

대부분의 사람은 무례한 행동을 마주하면 어떻게든 갈등이

나 대립 상황을 피하려고 지나치게 숙이고 들어가거나 아니면 반대로 지나치게 공격적으로 반응한다. 이 양극단에서 균형을 찾아 적절히 대응해야 한다. 자기 인식이 필요한 지점이기도 하다. 우리에게는 잘못된 행동을 했을 때 이를 인식하고 스스로 고칠 능력이 있다. 인생을 살아가기에 더없이 훌륭한 방식이다.

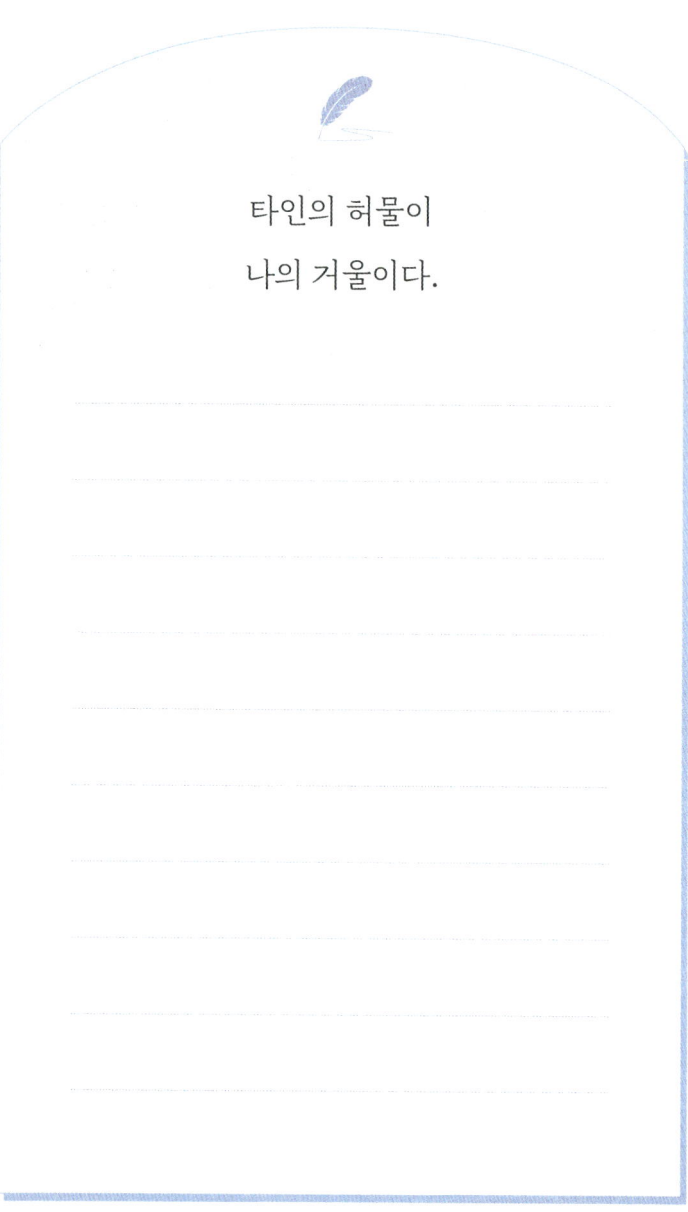

타인의 허물이
나의 거울이다.

진정한 우정을 맺어라

지난 몇 달 동안 새로운 소셜미디어에 관한 이야기를 많이 들었다. 주제를 막론하고 관심사가 같은 사람끼리 연결해주는 앱이다. 나도 사용해보았지만, 그럴 시간에 친구나 형제자매나 부모님 같은 가까운 사람에게 전화를 하지 왜 굳이 낯선 사람과 이야기를 하는지 이해할 수가 없었다.

소셜미디어에서 나누는 교류는 정작 힘들거나 외로울 때는 소용이 없다. 그렇게 만난 사람들을 진짜 친구라고 말할 수 있을까? 과거 공허했던 만남들이 하나하나 떠올랐다. 대학 시절에는 같이 술집에 다니는 무리와 몰려다녔고, 대학을 졸업한 이후에는 주말마다 만나서 같이 노는 무리가 있었다. 취직한 이후에는 금요일마다 함께 술을 마시러 가는 직장 동료가 있었지만, 진짜 친구라고 할 수는 없었다.

세네카는 이처럼 피상적인 인간관계에 대해 다음과 같이 말했다. "이러한 피상적인 관계를 가리켜 사람들은 편의상 '우정'이라고 부른다. 그러나 철저한 이해관계로 성립된 인간관계는 그 효용가치가 있을 때만 지속된다. 따라서 잘나갈 때는 친구들에게 둘러싸여 있다가 그렇지 않을 때는 모두 달아나 버린다."

이들이 진짜 친구가 아니라는 사실을 처음 깨달은 것은 대학원에 진학했을 때였다. 어느 때부터인가 매주 벌어지는 파티가 지겨워졌고, 학업과 자기 계발에 열중하게 되었다. 친구들과 함께 공부를 하거나 진지한 대화를 나누는 것이 더 좋아졌다. 하지만 당시 내 친구들 가운데 일부는 그런 것에 관심이 없었다. 그래서 공통의 관심사인 파티에 나가지 않게 되면서 점차 멀어지게 되었다. 처음에는 '그토록 많은 시간을 함께했고 즐거운 추억도 많은데 이제 서로 볼 일이 없네'라는 생각에 슬펐다. 하지만 그게 바로 인생의 본질이다. 스토아 철학을 접하면서 인생에 찾아오는 변화를 받아들여야 한다는 사실을 배웠다. 계절도 바뀌고, 사람도 바뀌고, 나도 바뀐다.

변화는 잘못된 것이 아니다. 우리는 변화를 자연스레 받아들여야 한다. 때로는 함께 성장해가는 친구도 있다. 퀸시라는 친구와는 10년 전부터 알고 지냈다. 당시 우리는 남자 여섯 명이 매일 같이 어울려 다녔는데, 나가 노는 것을 좋아해서 매일 연락했고 토요일마다 만나서 놀았다. 밤새도록 밖에서 놀기도 하고, 가

끔은 내 아파트에서 밤을 새우기도 했다.

그러나 결국 그때 어울리던 친구들은 각자 제 갈 길을 갔고, 퀸시만 친구로 남았다. 우리는 많은 대화를 나눴다. 인생의 방향은 달랐지만 항상 응원했으며, 서로가 성공하고 행복하기를 바랐다. 진정한 우정이란 그런 것이다.

나와 가치관이 같은 사람을 찾아라. 친구가 몇 명인지는 중요하지 않다. 인생에 친구는 세 명이면 충분하다. 세네카가 말했듯이 인생에 시련이 닥쳤을 때 곁에 남아 있을 사람은 몇 명 없다.

하지만 그렇다고 해서 직장 동료나 학교 친구들과 함께 즐거운 시간을 보낼 수 없다는 뜻은 아니다. 돌이켜보면 여전히 좋은 추억으로 남아 있다. 다만 만남이 있으면 헤어짐이 있기 마련이니 그들과 진정한 친구가 되지 못했다며 슬퍼할 이유가 없다는 뜻이다.

나는 친구가 많지는 않지만, 깊은 관계를 맺는 것을 선호한다. 진정한 우정이란 그런 것이라고 생각한다. 친구란 이사를 도와달라고 전화할 수 있는 사람이나 함께 파티에 갈 수 있는 사람이 아니다. 친구란 굳이 만나거나 필요로 하지 않아도 서로를 아끼고 생각하는 사람이다. 그리고 서로가 필요할 때면 언제나 곁에 있어주는 사람이다.

계절도 바뀌고, 사람도 바뀌고,
나도 바뀐다.

아등바등 살지 말라

 나는 사실 참을성이 없는 편이다. 특히 기다리는 걸 잘 못한다. 교통 체증이든 마트 줄이든 상관없다. "맙소사, 이렇게 느리다고!" 게다가 가장 느리게 움직이는 줄을 골라내는 데 일가견이 있다. 사실 1분 더 기다린다고 해서 세상이 끝나는 것은 아니니 큰 문제는 아니다.

 하지만 참을성이 바닥나면 그 순간만큼은 세상에서 가장 큰 문제에 봉착한 것처럼 느껴진다. 그래서 다른 사람을 함부로 대하기도 하며, 말도 안 되는 이유로 주변 사람에게 최악의 행동을 하기도 한다. 이런 나를 다스리는 데 에픽테토스의 조언이 큰 도움이 되었다. 그는 이렇게 말했다.

 "항상 격식을 갖춘 만찬 자리에 있는 것처럼 행동하라. 음식이 아직 나오지 않았더라도 조급해하지 말고 차례를 기다려라. 음식이 나오면 서두르지 말고 적당히 덜어 먹어라."

정말 유익한 조언이다. 특히 격식 있는 만찬 자리에 있다고 상상하는 것이 나에게는 가장 효과적이다. 배가 고파서 허겁지겁 먹고 싶어도 사람들에게 둘러싸여 있는 자리라고 생각하면 최대한 점잖게 행동하기 마련이다. 이는 다른 사람뿐만 아니라 자신을 대할 때도 감정을 절제하고 침착함을 유지할 수 있는 방법이다. 우리는 화가 나면 다른 사람뿐만 아니라 스스로에게도 분노의 화살을 돌리곤 한다. 핵심은 자신과 내면의 대화를 할 때도 침착함을 유지하는 것이다. 에픽테토스는 우리가 부를 대할 때도 그래야 한다고 믿었다. 그러려면 어떻게 해야 할까? 초연해야 한다. 재산이 줄어들더라도 되찾으려고 애쓰지 말라. 집착하지 않는 것이야말로 평온한 삶의 비결이다.

누구나 살면서 돈, 지위, 사랑, 존경을 어느 정도는 누리길 원한다. 그게 잘못은 아니다. 하지만 그것이 인생의 주요 목적이 되면 모든 것이 잘못되고 만다. 여러 번 언급했다시피 세네카는 평생을 부유하고 존경받는 인물로 살았다. 스토아 철학에서는 부를 경멸하지 않는다. 부유하든 부유하지 않든지 간에 의미 있는 삶을 살아갈 수 있기 때문이다. 이러한 사고방식은 내 인생에 큰 영향을 미쳤다. 한때는 돈, 직업, 학위, 친구, 연인 등 원하는 모든

것을 쫓아 아등바등 살던 시절이 있었다. 하지만 손에 잡힐 듯 잡히지 않던 모든 것들이 집착을 멈추자 자연스럽게 다가왔다. 만약 일이 잘 풀리지 않았다면? 그래도 상관없다. 행복해지는 데는 많은 것이 필요하지 않다.

만약 부유한 삶과 가난한 삶 가운데 하나만 고른다면 어느 쪽을 선택하겠는가? 물어보나 마나, 당연히 누구나 부자가 되는 것을 선호할 것이다. 하지만 스토아 철학자들은 가난해도 상관없다고 생각했다. 믿기지 않겠지만 사실이다.

이러한 사고방식을 받아들이면 무언가를 쫓으며 아등바등 살아가지 않게 된다. 인격을 수양하고 가까운 사람들을 챙기고 자신의 능력을 갈고닦는 데 집중하다 보면 나머지는 저절로 따라온다는 사실을 깨닫게 될 것이다. 격식을 갖춘 식사 자리에서 인내심을 가지고 점잖게 기다리다 보면 언젠가는 음식이 나오는 것처럼 말이다.

　다른 사람을 대할 때나 자신을 대할 때나 감정에 휘둘리지 말고 침착함을 유지하라. 너무 무리한 목표를 좇아 자신을 밀어붙이지 말라. 뒤처졌다고 생각하지도 말고, 서두르지도 말라. 이처럼 침착한 태도로 살아간다면 에픽테토스의 표현처럼 언젠가는 '신과 함께 식사할 자격'을 얻게 될 것이다.

남들이 뭐라고 생각하든 신경 쓰지 말라

인생을 살아가는 방식에는 두 가지 선택지가 있다. 하나는 다른 사람들이 닦아놓은 길을 따라가는 것이고, 다른 하나는 자신만의 길을 만들어가는 것이다. 우리 사회의 기본값은 전자다. 태어나는 순간부터 가족과 세상은 자동으로 우리에게 기대하는 바를 투영한다. 때로 부모는 자신이 못다 이룬 꿈을 자식이 이루어주기를 바란다. 우리 부모님은 내가 대학을 나와 사무직에 종사하기를 간절히 바랐다. 본인들이 가보지 못한 길이기 때문이다.

해결해야 할 문제는 이뿐만이 아니다. 우리는 평생 동안 수많은 문화적·사회적 규범을 지키며 살아가야 한다. 아이들은 학교에 가서 규칙을 지키고 지시를 따르며 잘못하면 벌을 받는다. 또 스포츠팀에 가입하고 친구들과 어울린다. 가끔 이 과정에 완벽하게 적응하지 못하는 아이들은 괴롭힘을 당하기도 한다. 따돌

림은 청소년기에 일어날 수 있는 가장 큰 문제로, 자칫 남은 평생을 망칠 수도 있다. 아이들은 다르게 생각하거나 행동하면 괴롭힘을 당하거나 처벌을 받고, 주어진 틀에 맞춰서 행동하면 보상을 받는다는 사실을 체득하며 자라난다.

어른이 되면 어떠한가? 어릴 때부터 배운 대로 여전히 주어진 환경에 맞춰 적응하며 살아간다. 하지만 행복하고 성공한 인생을 사는 사람들은 정해진 길을 따르지 않는 경우가 많다. 아웃사이더, 독불장군, 별종이라 불리는 사람들 중 상당수는 자신만의 길을 개척한 사람들이다. 이들은 땀 흘리고, 고군분투하고, 대가를 치르며 자신만의 인생을 개척했다.

행복한 사람들은 남들이 뭐라고 생각하든 별로 신경 쓰지 않는다.

모두들 근심 걱정에서 자유로운 삶을 간절히 원한다. 누구나 그런 인생을 살 수 있다. 나라고 자신만의 길을 개척하지 못할 이유가 없지 않은가?

얼마 전 어떤 사람을 만나 인사를 나누며 나를 전업 작가라고 소개했다. 그러자 그가 말했다. "정말 멋지네요. 저도 항상 소설을 쓰고 싶었어요." 나는 그에게 왜 글쓰기를 시작하지 않느냐고 물었다. 그는 마케팅 컨설팅 회사에서 일하고 있었지만, 꼭 직장을 그만둬야만 소설을 쓸 수 있는 것은 아니지 않는가? 나 역시도 글을 쓰기 시작했을 때 다른 일을 하고 있었다. 그는 내 질문에 "제가 소설을 쓴다는 사실을 알면 같이 일하는 사람들이 뭐라고 할지 살짝 걱정돼요. 게다가 제 글을 읽기라도 하면 민망해서 어떻게 해요?!"라고 대답했다.

우리는 때로 어떤 일을 한다는 생각만으로도 부끄러움을 느끼곤 한다. 실제로 가족들이 인정해주는 삶과 다른 삶을 산다는 생각을 한다는 것만으로도 못 견뎌 하는 사람들도 많이 만났다. 실제로는 한 발짝도 내딛지 않았으면서 말이다. 만약 당신이 열여덟 살의 미성년자인데, 어느 날 갑자기 집에 와서 "엄마, 아빠, 전 바라시는 로스쿨에는 가지 않을 거예요. 대신 에콰도르에 가서 돌고래 조련사가 되겠어요"라고 선언한다면, 그건 좀 이상할 수도 있다. 게다가 에콰도르에 돌고래가 있는지도 확실치 않다. 어쨌든 핵심은 성인이 되었으면 당당히 누릴 수 있는 혜택이 있어야 하지 않겠냐는 것이다. 내 인생의 주인은 나다.

무엇이 '두려워서' 선뜻 행동하지 못하고 있는가? 남들의 시선이 두려운 이유는 무엇인가? 두려움에 사로잡혀 부정적인 생각에 빠지는 대신 이렇게 생각해보라. "다른 사람들의 생각이 궁금하니 한번 들어보자." 주변 사람에게 의견을 묻는 것은 잘못된 일이 아니다. 나는 항상 그렇게 한다. 남들이 나를 어떻게 평가하든 상관하지 않기 때문에 어떤 의견도 두렵지 않다. 에픽테토스

는 제자들에게 이렇게 가르쳤다. "남들이 나를 순진하다고 생각하든 어리석다고 생각하든 신경 쓰지 말라. 온 신경을 자신에게만 집중해서 발전하는 데 방해가 되지 않도록 하라."

이 얼마나 단도직입적인 조언인가? "신경 쓰지 말라." 남들이 뭐라고 하든지 신경 쓰지 말자고 결단하라. 그렇다고 해서 다른 사람을 배려하지 않고 존중하지 않는다는 의미가 아니다. 다만 자신만의 길을 개척하기로 결심했다면 비난과 원치 않는 조언을 들을 각오를 하라. "나라면 이렇게 할 거야. 나라면 저렇게 할 거야." 나도 첫 책을 쓰기 시작했을 때 주변에서 그런 말을 많이 들었다. 어떤 사람들은 눈썹을 치켜올리며 "와, 특이하시네요" 같은 말을 하기도 했다. 대부분의 사람은 책을 쓰려면 일종의 자격이 있어야 한다고 생각하기 때문이다. 그 사람들이 이제는 내가 온라인에서 10만 권이 넘는 책을 판매했다는 사실에 놀란다. 물론 나는 그 사실을 직접 알리거나 자랑하진 않았다. 에픽테토스의 말처럼 자신에게 집중하라.

우리에게는 언제든지 새로운 길을 선택할 권한이 있다. 결과가 좋지 않더라도, 그건 나중 일이다.

적어도 내 인생을 세상의 기준에 맞춰 살아서는 안 된다. 다른 사람의 기대에 부응하려고 애쓰다 보면 결국 좌절하게 된다. 평생 다른 사람의 말을 신경 쓰며 살다 보면 자신이 누구인지조차 알 수 없게 되어 정체성의 위기를 겪을 수 있다. 남들이 뭐라고 생각하든 신경 쓰지 말고 그저 옳은 일을 하라. 그리고 훌륭한 스토아 철학자로서 살아가라.

완벽하지 않은 인생이라 할지라도 그게 바로 진짜 내 인생이다. 내 인생의 진정한 주인이 되어 사는 것보다 가치 있는 일은 없다.

자신만의 길을 개척하는 것은
성인으로서 당당히 누릴 수 있는
혜택 중 하나다.

기쁨을 나눠라

오늘날처럼 서로 단절되고 개인주의가 팽배한 세상에서는 우리가 사회적 동물이라는 사실을 잊기 쉽다. 현대의 생활 방식은 사람들을 더욱 개인주의적으로 살아갈 수밖에 없게 만든다. 다들 너무 바빠서 타인과 깊이 있는 관계를 쌓아갈 시간조차 없는 듯하다.

나에게는 좋은 집, 자동차, 휴가보다 인간관계가 훨씬 중요하다. 사랑하는 사람들과 함께 나눌 수 없다면 세상 부귀영화가 다 무슨 소용이 있을까? 우정의 중요성을 누구보다 잘 알았던 세네카는 "가치 있는 것을 소유해도 함께 나눌 사람이 없다면 전혀 즐겁지 않다"라고 말하기도 했다.

너무 바쁘게 살다 보면 때로 이 말을 잊어버리게 된다. 하지만 아무리 바쁘더라도 소중한 관계를 유지하려면 항상 시간을 내야 한다. 학교 친구, 직장 동료, 운동 친구, 술친구는 좋은 친구인 것처럼 느껴질 수 있지만 진정한 친구가 아닌 경우가 많다. 진정한 친구는 연인이나 배우자, 부모님, 형제자매, 가장 친한 친구처럼 우리가 그 존재를 너무 당연하게 여기는 사람들이다. 그들은 우리를 진정으로 아끼며, 우리에게 좋은 일이 생기면 기꺼이 함께 기뻐해줄 사람들이기도 하다.

좋은 일이 생겼을 때 자신이 어떤 행동을 하는지 생각해보라. 보통 가장 먼저 하는 일이 무엇인가? 아마 그 기쁨을 함께 나누고 싶은 사람에게 전화를 걸지 않을까? 나는 그랬다. 첫 직장에서 보너스를 받았을 때 어머니께 전화를 드렸고, 처음으로 집을 마련했을 때는 가장 친한 친구에게 전화를 했다. 또한 아버지는 첫 번째 사무실이 생겼을 때 가장 먼저 내게 전화를 했고, 동생은 자신이 만든 단편영화가 영화제 상영작으로 선정되자 나에게 전화를 했다. 가장 친한 친구 역시 약혼을 하고 난 후 기쁜 소식을 알리기 위해 나에게 연락을 해왔다.

이 모든 상황의 중심에는 '함께하는 기쁨'이라는 감정이 있다. 좋은 관계란 진심으로 누군가의 행복을 기원하는 관계다. 그리고 그런 관계가 꼭 수십 개씩 필요하지도 않다. 몇 명이라도 진심으로 나를 아끼고, 나 역시 그들을 아낀다는 확신이 있다면, 그것만으로 충분하다. 기쁜 순간을 함께 나눌 수 있다면, 힘든 순간도 함께 견뎌줄 수 있는 것이다.

인생이 항상 즐거운 것만은 아니다. 때때로 우리는 상처받기도 한다. 하지만 좋은 사람이 곁에 있다면 나쁜 일도 덜 상처받으며 지나갈 수 있다.

힘들 때 곁에 있어주는 사람은 한 명이면 충분하다. 하지만 그 사람이 힘들 때는 우리도 그 곁을 지켜주어야 한다. 인생에서 그보다 중요한 일은 없다. 기쁜 일이든지 나쁜 일이든지 함께 나누어야 한다.

좋은 친구가 되려면 상대방이 어떻게 행동하느냐에 집중해서는 안 된다. 내가 어떻게 행동하는지에만 집중하라. 상대방이 내게 해주길 원하는 대로 상대방에게 해주어라. 내 시간과 노력을 이해하고 소중히 여기는 사람들에게 그 시간과 에너지를 투자하라. 그렇지 않은 사람에게는 시간과 에너지를 허비하지 말라는 뜻이다.

상대방이 굳이 나와 그런 관계를 맺고 싶어 하지 않는다면 붙잡지 말라. 그 어떤 관계도 강요할 수는 없다. 세상에는 깊은 관계를 맺는 것을 중요하게 생각하는 사람들도 많다는 사실만 알아두라. 아직 그런 사람을 만나지 못했다면 그런 사람을 찾는 데 시간을 할애하는 것이 훨씬 낫다.

누구나 친하게 지내는 사람이 몇 명씩은 있다. 다만 그 관계를 유지하지 못할 뿐이다. 평소에 "네 곁에 있어줘서 고마워" 같

은 말을 하지 않았기 때문이다. 당신이 아무리 멋지거나 대단한 사람이더라도 상대방에게 고마움을 표현할 줄 알아야 한다. 서로의 존재에 감사하는 마음이야말로 인간관계에 필요한 전부다.

기쁜 순간을 함께 나눌 수 있다면,
힘든 순간도 함께 견뎌줄 수 있다.

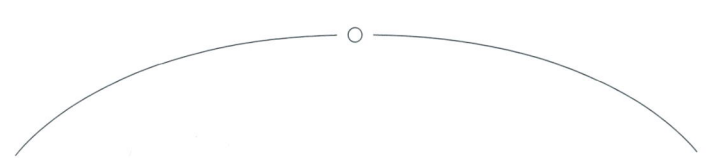

고난과 역경에 대처하는 법

"어떤 장애물이 나타난다 해도, 그것은 마치 태양 앞을 스쳐 지나가는 구름과 같다. 구름이 빛을 가릴 수는 있어도, 태양의 빛을 꺼뜨릴 수는 없다."

– 루키우스 안나이우스 세네카

인생의 위기에 대비하라

우크라이나에서 전쟁이 발발하기 전까지 전쟁이 실제로 일어날 것이라고 예상하는 사람은 많지 않았다. 코로나19 발병 초기의 상황도 비슷했다. 많은 사람들이 코로나가 독감과 비슷해서 일상생활에 지장을 주지 않으리라 생각했다. 그런데 모든 것이 바뀌었다. 질병 자체로 인한 건강 문제는 말할 것도 없고 인플레이션, 공격성, 두려움 등 코로나로 인한 문제는 수년, 아니 어쩌면 앞으로 수십 년 동안 지속될 것이다. 1930년대의 대공황처럼 말이다. 그 시대를 살았던 사람들은 그 상처를 영원히 잊지 못한다.

제2차 세계대전이나 다른 전쟁도 마찬가지다. 내 부모님은 1980년대 테헤란에 거주하면서 전쟁을 직접 경험했다. 8년에 걸친 전쟁은 삶의 모든 측면에 영향을 미쳤으며, 안전한 나라로 이주한 뒤에도 잊지 못할 상흔으로 남았다. 하지만 전쟁이 삶에 대한 열정을 앗아갈 수는 없다. 미국에서 투자자로 백만장자 대열에 오른 유대인 샘 젤이 들려주는 부모님의 일화가 좋은 예다.

1938년 샘 젤의 부모님은 폴란드를 탈출했다. 당시 일가족 가족 모두가 반유대주의를 우려했다고 한다. 하지만 당장이라도 유럽을 떠나야 할 만큼의 절박함을 느낀 건 젤의 아버지뿐이었다. 결국 젤의 부모님은 나치가 기찻길을 폭파하기 직전 폴란드에서 떠나는 마지막 기차에 올라탔다. 젤의 가족은 2년간의 험난한 여정 끝에 마침내 미국에 도착했고, 아버지는 새로운 땅에서 기업가가 되었다.

우리 부모님도 전쟁을 피해 피난을 갔기 때문에 젤의 이야기에 공감이 갔다. 전쟁 초기나 위기의 순간에는 언제라도 위험에 예민하게 대처할 수 있어야 한다. 설사 안전한 나라, 안락한 내 집에 머물고 있어도 주변에서 전쟁의 위협에 대한 소식은 끊임없이 들려온다. 이때 밀려드는 감정을 제대로 처리하지 않으면 불안감에 휩싸일 수 있다. 나는 끔찍한 시기를 지나온 사람들에게서 항상 경각심을 가져야 한다는 사실을 배웠다. 어떤 일이 닥쳐도 무슨 일이든 할 수 있도록 몸과 마음이 준비되어 있어야 한다. 제2차 세계대전 당시 영국인들처럼 전쟁 중에도 침착하게 일상을 이어 나가든지 우크라이나인들처럼 적과 맞서 싸우든지 말이다. 우리는 미래에 어떤 일이 닥칠지 그리고 그때 무슨 일을 하게 될지 알 수 없다. 하지만 세네카는 이렇게 말했다.

"운명은 예기치 못한 사람에게는 큰 타격을 입힌다. 하지만 늘 대비하는 사람은 어떤 운명이든 쉽게 견뎌낸다."

평소에 경계하고 대비하지 않으면 모든 일이 충격으로 다가온다. 예상치 못하고 있다가 속수무책으로 당하기만 하는 것은 인생을 살아가는 최악의 방식이다. 스토아 철학은 항상 촉각을 곤두세우되 강박에 빠지지 말기를 권한다. 또한 귀를 기울이고, 분석하고, 생각하고, 필요하다면 행동으로 옮길 수 있어야 한다. 두려움에 휩싸이지 말고 사실을 직시하라.

그렇게 살기 위해서는 뉴스를 제대로 분별하는 능력이 중요하다. 요즘 세상에는 정보가 넘쳐나기 때문에 주의를 기울여야 할 정보를 분별하고 실제로 어떻게 행동할지 결정하기가 정말 어렵다. 개인적으로 전쟁, 팬데믹, 정치, 권력 등 주제를 막론하고 자칭 전문가들이 넘쳐나는 트위터나 유튜브, 온라인 포럼 같은 곳을 멀리하기를 추천한다. 남이 하는 말은 그 사람 입장에서 재해석한 현실일 뿐이다. 그 말을 맹신하는 것은 스스로 생각하지 않고 남의 생각을 아웃소싱하는 것이다. 신뢰할 수 있는 사람이 되고자 한다면 위기가 닥쳤을 때, 그래서 누구에게도 도움을 구할 수 없을 때 스스로 판단하고 결정할 수 있어야 한다. 스토아 철학의 원칙에 따라 자신이 통제할 수 있는 것이 무엇인지 분별하고, 그 힘을 활용하라.

우리 부모님은 친인척 가운데 용기 내어 떠나기로 결단한 몇 안 되는 사람이었다. 부모님이 통제할 수 있는 일은 그것뿐이었다. 샘 젤은 폴란드에 남은 다른 친척들이 어떻게 죽었는지 이야기했다. 그들은 전쟁이 곧 끝날 것이라 예상하고 버텼고, 오판의 결과는 혹독했다. 인생은 가혹하다. 스토아 철학자들은 누구보다 이 사실을 잘 알고 있었다. 그래서 우리에게 스스로 생각하는 사람이 되라고 격려했다. 그리고 무슨 일이 닥치든 항상 준비된 자세로 살라고 당부했다. 이것이 바로 스토아 철학에서 말하는 인생을 잘 사는 비결이다.

감사하는 연습을 하라

친구 한 명이 요즘 들어 부모님을 더 자주 만나려고 노력한다고 말했다. 이유를 물었더니 계산을 좀 해봤다면서 이렇게 말했다. "우리 부모님은 지금 70대지. 일 년에 두 번 정도 찾아뵙는데, 양쪽 조부모님이 모두 84세 전후로 돌아가셨어. 이대로라면 부모님을 뵐 기회가 이제 스무 번 남짓밖에 남지 않았더라고."

단순한 계산으로 친구는 부모님과 함께 보내는 순간에 더욱 감사하게 되었고 더 자주 만나고자 노력하게 되었다. 우리는 인생에서 너무 많은 것을 당연하게 여기며 살아간다. 인간은 자신이 이미 한 일에 대해서는 웬만하면 후회하고 싶어 하지 않는 경향이 있기 때문이다. 대신에 우리는 하지 않은 일을 후회한다. 할머니도 돌아가실 때 살아생전 하지 못한 일을 계속 후회했다. 별일도 아니었다. 그저 가족들과 함께한 시간을 더 소중히 여겼으

면 좋았을 텐데 하는 아쉬움 같은 것이었다.

인생에는 우리가 바꿀 수 없는 것이 많다. 날마다 우리는 죽음에 하루씩 더 가까워진다. 그런데 우리는 감사하기보다는 별것 아닌 일들을 걱정하며 살아간다.

나는 에픽테토스가 알려준 감사 훈련을 가장 좋아한다. "인생에서 시련이 닥칠 때마다 죽음과 언제든지 일어날 수 있고 실제로 일어났던 비극적인 사건들을 기억하라. 죽음에 비하면 그 어떤 시련도 별일 아닌 것처럼 느껴질 것이다."

이런 식으로 생각하도록 자신을 훈련하는 데는 시간이 조금 걸리지만, 분명히 효과가 있다. 죽음에 비하면 그 어떤 일도 걱정할 거리나 분노할 거리가 되지 않는다. 부모님과 함께할 수 있는 시간을 계산한 이후로 내 친구는 부모님과 대화할 때 더 이상 짜증이 나지 않는다고 말했다. 알다시피 아무리 가족이라도 서로 신경을 거슬리게 할 수 있다. 서로에게 실망해 다투기도 하고 언성을 높여 비난하기도 한다.

그러나 어쩌면 이번이 사랑하는 사람을 볼 수 있는 마지막 기회가 될지도 모른다는 사실을 인지하면 모든 것이 사소하게 느껴질 것이다.

그렇다고 해서 어차피 모두 죽을 테니 다 괜찮다는 식의 허무주의를 의미하는 것은 아니다. 스토아 철학자들은 이 연습을 사소한 일들에 적용했다. 그들은 사람들이 하찮은 일에 시간과 에너지를 낭비할 위험이 있다는 사실을 누구보다 잘 알고 있었다.

사소한 일에 걱정하거나 분노하는 대신 가치 있는 것들을 즐겨라. 예를 들어, 지금 이 순간 내가 살아있다는 사실에 감사하라. 우리는 지금 이 순간 여기에 존재한다! 아름다운 일몰을 보거나 빗속을 걷는 등 굳이 감상에 젖지 않아도 주어진 인생에 감사함을 느낄 수 있다. 죽음을 앞둔 사람이라면 모든 것을 포기하고서라도 단 며칠을 더 살 수 있다면 누구나 그렇게 할 것이다. 그저 살아 있다는 것만으로도 감사해야 할 이유는 충분하다.

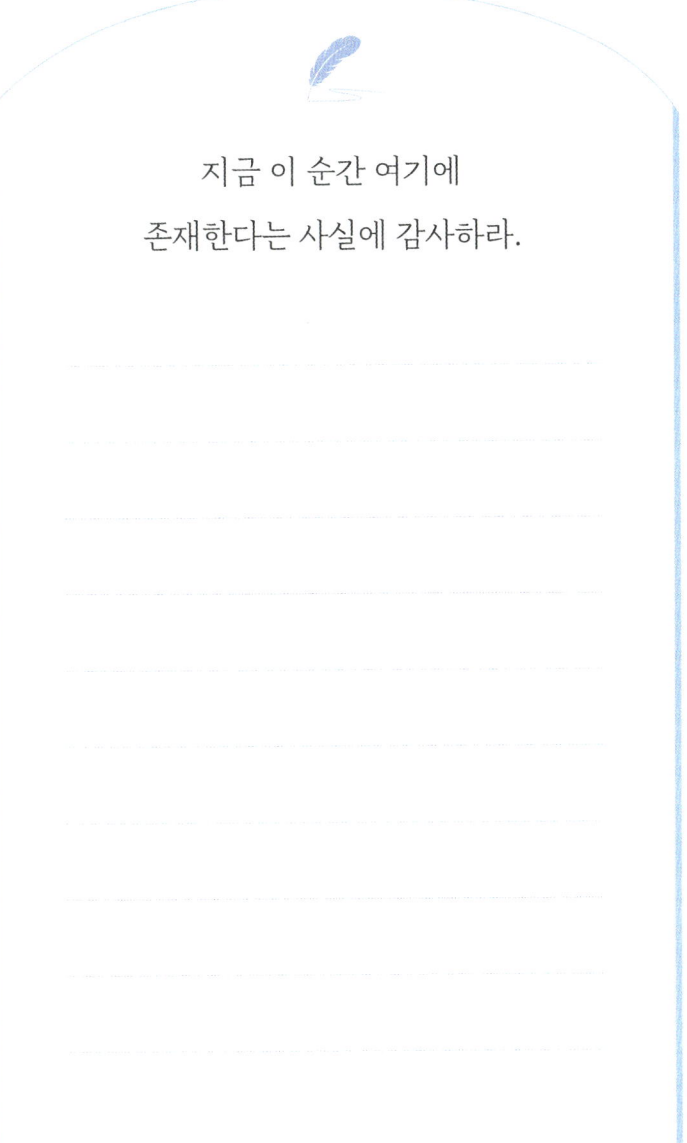

지금 이 순간 여기에
존재한다는 사실에 감사하라.

인생의 오르막과 내리막을 즐겨라

마르쿠스 아우렐리우스는 인생의 본질에 대해 이렇게 말했다. "시대가 변해도 세상의 이치는 변하지 않는다. 오르막이 있으면 내리막도 있다." 솔직히 말해보라. 인생이 늘 좋아야 한다고 생각하고 있진 않은가? 대부분은 그렇게 자랐고, 인생이 갈수록 나아져야 한다고 생각한다. 우리는 지난 수십 년간 해마다 경제와 세계가 어떻게 점차 나아지고 있는지에 관한 이야기를 들었으며, 인생의 모든 것이 시간이 지날수록 좋아지는 것이 정상이라고 생각한다. 대수학의 선형관계처럼 모든 것이 우상향한다. 'x가 커지면 y도 커진다.'

우리는 나이가 들면 모든 것이 자연스레 조화를 이루게 되리라 생각한다. 하지만 실제로 나이를 먹어보면 그렇지 않다는 사실을 깨닫게 된다. 여전히 모든 것이 혼란스럽다. 나이와 지혜,

혹은 나이와 부 사이에는 선형적인 관계가 성립하지 않는다. 만약 그게 사실이라면 누구나 나이를 먹으면 부유하고 지혜로운 사람이 되어야 한다. 인생에는 오르막만 있는 것이 아니라 내리막도 있다. 이 내리막을 지나오는 데는 몇 날 며칠이 걸리기도 하고 몇 달이 걸리기도 한다. 운이 나쁘면 몇 년이 걸릴 수도 있다.

자신에게는 2020년이 정말 힘든 한 해였다고 이야기하는 친구가 있다. 그는 정말이지 최악의 한 해를 보냈다. 1월에 자전거 사고로 십자인대가 파열되어 2월에 수술을 받았다. 회복 중에 코로나로 팬데믹이 발생한 탓에 물리치료를 제대로 받지 못해 회복에 지장이 생겼고, 수술 후에는 한동안 목발을 짚고 다녀야 했다. 그러던 중 여름에 코로나에 걸려 거의 3주 동안 외출을 하지 못했다. 여름이 지나고 몸 상태가 호전되면서 집안일을 하기 시작했다. 그러다가 그만 허리를 다치는 바람에 2주 동안 꼼짝도 못하고 침대에 누워 있는 신세가 되었다. 다행히 잘 회복되어 지금은 건강하지만 십자인대가 파열되기 전과 비슷한 상태로 돌아가기까지 꼬박 1년 반이 걸렸다. 그리고 지난주에 A형 독감에 걸렸다. 이런 일은 우리가 통제할 수 있는 범위 밖에서 일어나는 일이다.

아우렐리우스는 이렇게 말했다. "이 세계가 원자로 이루어졌든, 자연의 섭리에 의해 다스려지든, 가장 중요한 사실은 내가 자연이 지배하는 세상의 일부라는 것이다. 그다음으로 중요한 사실은 내가 세상을 구성하는 나머지 부분과 유기적으로 연결되어 있다는 것이다. 그렇기에 나는 세상의 일부로서 전체가 내게 부여한 삶에 불평할 권리가 없다."

우리에게는 어떤 길로 나아갈지를 선택할 수 있는 자유가 있다. 하지만 동시에 우리 힘으로 통제할 수 없는 것도 많다.

우리는 때때로 운명을 완전히 통제할 수 있다고 착각하곤 한다. 인생이라는 영화의 작가이자 감독이자 주인공은 자신이라고 생각한다. 하지만 이런 인생관은 현실적이지 않다. 현실에서 우리는 단지 배우일 뿐이다. 심지어 주어진 역할도 있다. 스토아 철학은 우리가 최선을 다해 그 역할을 수행해야 한다고 말한다. 그렇다고 해서 반드시 정해진 대로만 행동해야 한다는 뜻은 아니다. 자신만의 방식으로 그 역할에 변화를 줄 수도 있다. 이렇게 생각해보자. 지난 수십 년 동안 배트맨 영화에서 잭 니콜슨부터 자레드 레토까지 여러 배우가 조커 역할을 맡았고, 그들이 만들어낸 조커는 각자의 개성이 있다. 개인적으로는 〈다크 나이트〉에서 자신만의 방식으로 조커를 연기해 전설이 된 히스 레저의 조커 연기를 가장 좋아한다.

인생도 마찬가지다. 우리에게는 주어진 역할이 있지만, 그것을 어떻게 연기할지는 우리가 결정할 수 있다. 어떤 인생을 살아나갈 것인지 각자의 고유한 스타일과 개성대로 결정할 수 있는 것처럼 말이다. 다만 인생에서 주어지는 대부분의 것을 바꿀 힘은 없다. 무력하게 느껴질 수도 있겠지만 더 깊이 생각해보면 해방감을 느낄 수도 있다.

인생이 왜 이렇게 되었는지 화를 내느라 에너지를 낭비할 필요 없다. 좋은 일이 생기면 그저 즐기면 된다. 나쁜 일이 생기면 그냥 견디면 된다. 인생은 돌고 돌기 때문에 좋은 일이 있으면 나쁜 일도 있기 마련임을 잊지 말라. 올라가든 내려가든 둘 다 내 인생이다!

악순환의 고리를 끊어내라

때때로 사소한 사건이 발단이 되어 악순환에 빠질 수 있다. 지난주에 친구 데이브와 악순환에 갇혀 빠져나오지 못하는 상황에 관해 이야기를 나누었다. 데이브는 몇 달 전 감기에 걸려 운동과 식단을 중단하면서 몸 상태가 더 안 좋아졌다고 말했다. 뒤따른 수면 장애로 낮에도 피곤하고 집중력이 떨어져 결국 업무에도 지장이 생겼다.

다들 한 번쯤은 이런 경험을 해보았을 것이다. 한 가지 일이 오랫동안 인생에 파장을 일으킬 때, 중요한 것은 그 악순환의 고리를 끊어내는 것이다. 그렇지 않으면 사는 게 싫어질 정도로 삶이 피폐해질 수 있다. 또 다른 친구가 바로 그런 상황에 빠졌다. 사소한 일로 일상이 흐트러지면서 부정적인 사고방식이 자리를 잡아버린 것이다. "얼마 지나지 않아 이유 없이 내가 하는 일이 싫어지기 시작했어. 그냥 전부 다 마음에 안 드는 거야. 아내랑은 매일 말다툼을 벌였어."

우리는 종종 무엇이 이런 좌절감을 유발하는지 인식하지 못한다. 그저 불행을 해소하기 위해 눈에 보이는 일차적인 원인을 찾아내 바꾸려고 한다. 직업 때문에 불행하다고 생각하면 다른 직업을 찾는 식이다. 하지만 결국 문제는 직업이 아니라 자신의 감정이다.

모든 것이 우울하게 느껴지고 어떤 일에도 흥이 나지 않을 때는 새롭고 의미 있는 목표를 세워보라. 혼자만의 생각에 빠져들다 보면 자신의 상황이나 감정을 객관적으로 바라보기가 힘들

다. 그럴 때는 외부로 시선을 돌려라. 다른 사람에게 긍정적인 영향을 미칠 수 있는 일이면 더할 나위 없이 좋다. 기업가인 데이브는 악순환의 고리에서 벗어나기 위해 주요 제품 하나를 완전히 새롭게 디자인하기로 결심했다. 주변의 신뢰할 수 있는 사람들에게 피드백을 구했고, 그 과정에서 고객에게 더 나은 경험을 제공할 수 있는 몇 가지 아이디어가 떠올랐다고 한다.

나는 악순환에 갇혀 아무것도 하고 싶지 않을 때마다 새로운 일을 떠올리곤 한다. 단, 정말로 열정을 가지고 착수할 수 있는 일, 정말로 중요한 일이어야 한다.

스스로 중요하다고 생각하는 일을 할 때 비로소 하루하루가 의미 있게 느껴진다. 뚜렷한 목적 없이 방황하는 인생은 시간 낭비일 뿐이다. 세네카가 말했듯이, 우리는 살아 있는 모든 날을 최대한 활용하길 원한다. "적절한 대가를 지불하지 않는 한 그 누구도 내 하루를 빼앗아가지 못하게 하라." 그 누구도 우리의 하루를 빼앗아가지 못하게 하려거든, 매일매일 의미 있는 일을 하라. 개인적인 경험에 비추어볼 때 스스로 동기를 부여하기에 목표를 세우는 것보다 더 나은 방법은 없다.

의미 있는 일을 할 때는 결코 시간을 낭비하고 있다는 생각이 들지 않는다. 하지만 똑같은 하루하루가 반복되고 진전이 보이지 않으면 금방 초조해진다. 그럴 때는 변화를 시도하라는 신호로 받아들여라.

하지만 그 변화가 거창할 필요는 없다. 먼저 마음가짐부터 바꾸라. 그다음은 자연스럽게 따라올 것이다. 다만 유의할 점은 변화의 방향이 내면이 아니라 외부를 향해야 한다는 것이다. 악순환에 갇힌 느낌이 들 때마다 스스로에게 질문을 던져보라. "어떤 일을 하면 다른 사람에게 도움도 되고 이 상황에서도 벗어날 수 있을까?" 그러면 금방 그 고리를 끊어내고 탈출할 수 있을 것이다. 좋은 일은 선한 영향력을 발휘할 때 찾아온다.

올바른 일이라면 멈추지 말고 나아가라

일이 원하는 대로 이루어지지 않았을 때는 어떻게 대처해야 할까? 나는 예전에 반발에 부딪히거나 마찰이 생길 때마다 낙담하곤 했다.

예를 들어, 대학 시절 조별 과제를 하는데 조원 한 명이 나타나지 않거나 제대로 참여하지 않으면 좌절하곤 했다. 어떤 수업에서는 교수님이 조별 과제 조원을 정해주거나 무작위로 조를 정해주기도 했다. 내가 기억하는 한, 조마다 약속을 지키지 않거나 제대로 일을 안 하는 사람이 꼭 한 명씩은 있었다. 그러면 나머지 조원이 어쩔 수 없이 그 사람 몫까지 해내야 했다. 나도 그렇게 대처하곤 했다. 그러나 이는 잘못된 대처법이다.

작은 문제를 대하는 방식이 곧 큰 문제를 대하는 방식이 된다.

내가 스토아 철학에서 배운 교훈이다. 스토아 철학자들은 끈기로는 둘째가라면 서러운, 멈추지 않고 끊임없이 나아가는 사람들이었다. 일단 어떤 일을 하겠다고 마음먹은 이상 그 일을 잘 해내기 위해 최선을 다했다.

에픽테토스는 이렇게 말했다. "옳다고 믿는 일을 하기로 결심했다면 다른 사람이 반대하더라도 멈추지 말라. 그게 만약 잘못된 일이라면 애초에 시작을 하지 말아야 한다. 그러나 그게 만약 올바른 일이라면 다른 사람이 어떻게 생각하는지는 신경 쓸 필요 없다."

책임을 다하지 않는 조원에 대처하는 올바른 방법은 똑바로

마주 보고 맡은 몫을 제대로 해내라고 말하는 것이다. 상대방에게 변화할 기회를 줄 수는 있지만 어느 순간에는 선을 그어야 한다. 이러한 태도는 수업 과제를 넘어 직장생활과 일상생활에도 적용된다.

몇 주 전 스페인에 갔을 때 렌터카 업체에서 자동차를 빌렸다. 비용과 함께 보증금도 추가로 지불했다. 그런데 차를 반납할 때 업체에서 보증금을 돌려주지 않았다. 며칠 후에 자동으로 입금될 거라고 했지만 감감무소식이라 고객센터에 전화를 걸었다. 그런데 담당자는 도와줄 수 없다는 답변을 했고, 나는 다시 이메일을 보냈다. 일주일이 지난 후에도 답변은 없었다. 이쯤 되자 '무슨 일이 있어도 보증금을 돌려받아야겠다'는 생각이 들었다. 네덜란드와 독일 현지 담당자의 이메일 주소를 찾아내 이메일을 보냈고, 마침내 네덜란드 사무실에서 답변을 받았다. "네, 저희가 처리하겠습니다. 보증금을 돌려받으실 수 있을 겁니다." 나는 은행 계좌를 확인하며 기다렸다. 며칠이 지났지만 보증금은 입금되지 않았다. 나는 '돈을 돌려받을 때까지 멈추지 않겠다'고 다짐하며, 5일 동안 매일매일 이메일을 보냈다. 그리고 마침내 보증금을 돌려받았다. 지금 하고 있는 일이 옳다고 생각한다면 멈추지 말고 끝까지 해내라.

운동도 마찬가지다. 스포츠 토론 쇼 〈언디스퓨티드〉의 진행자인 스킵 베이리스는 70세의 나이에도 매일 2시간 30분짜리

TV 쇼에 출연하고, 몸매를 유지하기 위해 매일 운동을 한다. 베이리스의 좌우명은 "단 한 차례도 건너뛰지 말자"다. 한 번 건너뛰면 건너뛰는 것이 습관이 되기 때문이다.

작은 것 하나를 놓치면 더 많은 것을 놓치게 된다. 그러다 보면 어느새 모든 것을 놓치게 된다.

이러한 사고방식은 문제를 해결하거나 일을 할 때는 유용하다. 하지만 인간관계나 정신 건강에는 적합하지 않다. 사생활에서까지 엄격하고 깐깐하게 굴다가는 짜증 나는 사람이 되기 십상이다. 하지만 집 밖에서는 멈출 수 없는 사람이 되라. 우리 어머니가 항상 하시던 말씀이 있다.
"집에서는 져주고, 밖에서는 이겨라."

작은 문제를 대하는 방식이
곧 큰 문제를 대하는 방식이다.

더 나은 내가 되는 것에 집중하라

뉴스를 보다 보면 세상이 곧 종말을 맞이할 것 같다는 생각이 든다. 솔직히 뉴스에서는 하루가 멀다고 나쁜 소식만 흘러나오다 보니, '세상이 점점 더 나빠지고 있다'는 생각이 들 수밖에 없다. 우리는 인플레이션, 전쟁, 식량 부족, 사악한 정부 같은 뉴스 보도를 매일 접하며, 끊임없는 두려움 속에서 살아간다.

뉴스를 많이 소비하는 사람일수록 수동적인 태도를 보인다. 이들은 다른 사람에게서 답을 찾으려고 한다.

나는 요즘 스토아 철학을 적용한 투자 기법에 관한 책을 집필하고 있는데, 그 일환으로 주식 시장 붕괴 사례들을 살펴보고 있다. 특히 세계 경제를 둘러싼 각종 전망이 사상 최저치를 기록했

던 2009년 초에 나온 신문 기사를 많이 읽고 있다.《월스트리트 저널》의 기사에서 한 경제학자는 경기 침체가 임박했음을 경고하며 이렇게 말했다. "깊고 긴 불황을 피할 방법은 없다." 하지만 그때부터 상황이 서서히 개선되기 시작했고, 2009년 6월에 미국은 공식적으로 경기 침체에서 벗어났다.

위기의 한가운데 있을 때는 상황이 실제보다 훨씬 더 나빠 보이기 마련이다. 이후로도 2008년과 2009년에 쏟아져 나왔던 금융 위기에 관한 우려와 동일한 내용의 콘텐츠가 나타났다 사라지기를 반복했다. 수많은 경제학자와 전문가가 실업률은 증가하고, 수익은 감소하고, 성장률은 점점 낮아지고 있다며 최악의 상황을 예상했고, 경제 성장은 지금보다 훨씬 더 둔화될 것이라고 경고했다. 하지만 불과 얼마 후, 경제는 개선되고 주식 시장은 상승세로 돌아섰다. 뉴스는 대부분 거시적인 문제들을 다룬다. 그러나 알다시피 경제나 정치는 개인이 통제할 수 없다. 우리가 통제할 수 있는 것은 자신의 행동과 판단뿐이다.

> 에픽테토스가 말했듯이 인생의 목표는 "자신의 능력을 최대한 활용하고 나머지는 무슨 일이 일어나든 받아들이는 것"이다.

스토아 철학은 자신의 삶에서 일어나는 일에 대해 다른 사람을 탓하지 말라고 말한다. 운동 부족, 에너지 부족, 삶에 대한 의욕 부족은 전부 우리가 시간과 에너지를 최대한 활용하지 않은 탓이다. 어떤 사람들은 이 말에 동의하지 않고 끊임없이 남을 탓한다. 어쩔 수 없다. 다른 사람이 어떻게 생각하고 행동하는지는 우리가 상관할 바가 아니기 때문이다. 어떤 상황에서든지 최선을 다하자. 우리가 통제할 수 있는 일에만 집중하자. 그리고 우리가 통제할 수 있는 영역에서는 끊임없이 발전할 수 있도록 노력해보자.

자신을 가장 친한 친구처럼 대하라

친구를 대하는 태도와 자신을 대하는 태도를 비교해보면 어떠한가? 친구가 어떤 일을 망치면 아마도 "너무 자책하지 마"라고 위로해줄 것이다. 하지만 내가 그랬다면?

친구보다 자신에게 훨씬 더 비판적으로 대하는 사람들이 있다. 나 역시도 그랬다. 깜박하고 창문을 안 닫는 등의 아주 사소한 실수에도 이렇게 말하곤 했다. "이렇게 멍청할 데가. 어떻게 창문 닫는 걸 까먹을 수가 있어? 하아, 도둑이 들어서 다 훔쳐 가도 할 말 없네." 이상한 점은 나뿐만 아니라 가까운 사이일수록 더더욱 가혹하게 대한다는 것이다.

- 낯선 사람과 지인 – 예의 바르게 대하지만 잘 모르기 때문에 거리감을 느낀다.

- 친구 및 동료 – 예의 바르게 대하며 물리적으로나 심리적으로 도와주려고 노력한다.
- 가족, 배우자, 자녀 – 어떤 말이나 행동도 받아줄 거라는 생각에 더 비판적으로 말하고 행동한다.
- 자신 – 비판적인 행동부터 공격적인 행동에 이르기까지 물불 가리지 않는다.

이 모든 역학 관계를 뒤집어야 한다. 친구를 대하듯이 자신을 대하라. 그리고 사랑하는 사람에게도 그렇게 대하라. 비판적인 성향을 타고난 나로서는 끊임없이 노력하는 부분이다.

세네카는 인간으로서 어떤 발전을 이루었느냐는 물음에 이렇게 답했다. "나는 자신과 친구가 되기로 했다."

이 개념이 얼마나 중요한지 생각해보자. 세네카는 자기 계발이나 스토아 철학과 관련해 얼마든지 다른 대답을 내놓을 수도 있었다. 세네카는 왜 "나는 내가 통제할 수 있는 것에 집중하기 시작했다"라고 대답하지 않았을까? 스토아 철학에서 첫째가는 가르침이므로 이렇게 대답해도 전혀 이상하지 않았을 것이다. 아마 세네카는 자신과 친구가 되는 것이 인생에서 가장 중요한 일이라고 생각했던 게 아닐까? 완전히 동의한다.

세상 모든 사람을 통틀어 우리는 자신과 가장 많은 시간을 보낸다. 그러니 자신을 당연히 가장 친한 친구로 대해야 하지 않을까? 자신을 대하는 태도는 다른 사람과의 관계에도 영향을 미친다. 이 가르침을 따라 살면서 내가 경험한 가장 큰 변화이기도 하다. 지난 몇 년간 나 자신에게 관대해지면서 다른 사람에게도 더 관대해진 나를 발견할 수 있었다.

세네카도 "자기 자신과 친구인 사람은 모든 인류의 친구"라는 말을 남겼다. 예전에 나는 연인이나 배우자의 모든 말과 행동을 분석했다. "그렇게 말한 이유가 뭐야?" 혹은 "그렇게 행동한 이유가 뭐야?"라는 말을 입에 달고 살았다. 상대방에게 이렇게 묻는 이유는 그 사람이 왜 내가 옳다고 생각하는 방식과 다르게 말하고 행동하는지 이해할 수 없다는 뜻이다. 하지만 세상 모든 사람이 내 기준에 맞추어 말하고 행동할 필요는 없다. 우정이 좋은 이유는 내 기준을 친구에게 강요하지 않기 때문이다. 친구 사이에서는 신념, 습관, 생각을 강요하지 않는다. 게다가 대부분 자신에게는 없는 친구만의 특성을 높이 평가하기도 한다.

언제나 약속 시간에 늦는 친구가 한두 명씩은 꼭 있을 것이다. 하지만 대부분은 그 친구가 나타났을 때 농담으로 웃어넘기며 반겨준다. 그러나 자신과 관련된 일이라면 사소한 일도 결코 그냥 넘기지 않는다.

그깟 실수 좀 한다고 해서 뭐 그리 대수겠는가? 넘어져도 괜찮다. 다시 일어나면 그만이다!

배우자가 기분이 좋지 않다고 해서 뭐 그리 대수겠는가? 그냥 내버려두어라. 아니면 기분이 나아질 만한 재미있는 일을 함께 해보라. 그래도 효과가 없다면 어쩌겠는가? 그래도 괜찮다.

자신을 대할 때에도, 다른 사람을 대할 때에도 조금 더 인내심을 발휘해보자. 다음번에 스스로를 비난하고 있는 자신을 발견하게 되면, 이렇게 되뇌어보라.

"나 자신을 가장 친한 친구처럼 대하자."

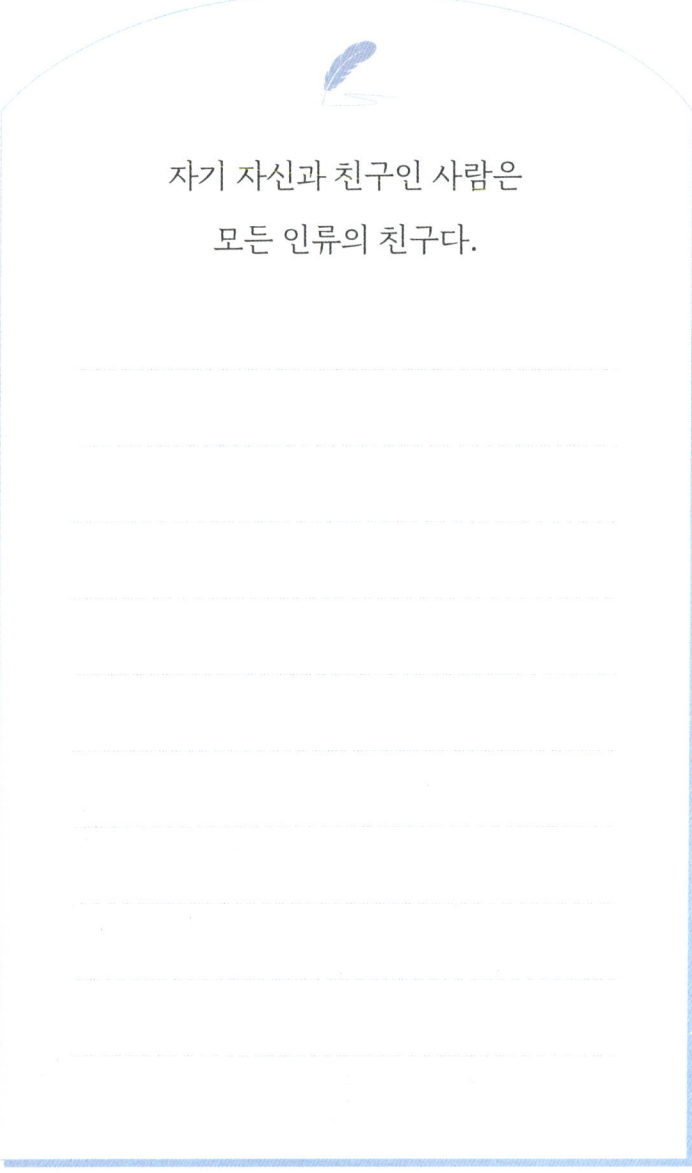

자기 자신과 친구인 사람은
모든 인류의 친구다.

몸의 한계를 받아들여라

얼마 전 UFC에서 은퇴한 종합격투기 선수 하빕 누르마고메도프의 인터뷰를 봤다. 그는 역대 최고의 격투가이자 운동선수로 꼽힌다. 나는 그의 근면함을 매우 존경한다. 하빕은 은퇴한 지금도 현역 시절과 다름없이 열심히 훈련한다. 이는 세상을 떠난 아버지에게서 배운 것이라고 한다.

그의 아버지는 코로나에 걸려 세상을 떠났고, 이에 상실한 하빕은 돌연 은퇴를 결심했다. 그는 어린 시절부터 아버지와 함께 훈련했고, 부상을 당했을 때도 심각한 경우를 제외하곤 쉰 적이 없다. 그의 훈련 방식상 부상은 피할 수 없는 것이었다. 하빕은 한 인터뷰에서 이렇게 말하기도 했다. "저의 가장 큰 적은 부상입니다. 저는 그야말로 죽도록 훈련하기 때문입니다."

UFC 파이터, NBA 또는 NFL 선수처럼 고강도 종목에서 활

동하는 운동선수 100명을 무작위로 조사해보면, 대부분이 크고 작은 부상을 달고 산다는 사실을 알 수 있다. 많은 선수들이 시즌 내내 크고 작은 통증을 안고 경기에 출전한다.

  이것이 바로 인체가 지닌 한계다. 프로 운동선수가 아니더라도 30세를 기점으로 몸 어딘가가 항상 아플 수 있다. 우리 몸은 살아 있는 한 시간이 지날수록 여기저기 고장이 나기 시작한다. 나 역시 항상 몸 어딘가가 불편하다. 지금은 오른발이 그렇다. 지난 1년 동안 아프다가 괜찮다가를 반복하며 나를 괴롭히고 있다. 지난주에는 또 위장이 말썽이었다. 부상을 입지 않더라도 사람의 몸은 세월이 흐르면서 변화한다. 머리카락은 히끗해지고 점점 가늘어진다. 주름도 생긴다. 정상적인 노화 현상이다. 많은 사람이 노화를 두려워하며 막아보려고 온갖 노력을 다한다. 하지만 스토아 철학자들은 달랐다. 그들은 날씨와 같은 외부 요인을 대하듯이 자신의 몸도 일정한 거리를 두고 바라본다.

스토아 철학자들에게는 그 무엇도, 심지어 자신의 몸조차도 집착의 대상이 될 수 없었다. 세네카는 이에 대해 이렇게 말했다. "자신의 몸에 대한 애정은 타고나는 것이며, 우리가 그 보호자이자 수호자임을 인정한다. 내가 내 몸을 돌보고 챙겨야 한다는 것을 부정하는 것이 아니라 단지 내 몸의 노예가 되는 것을 부정할 뿐이다. 자기 몸의 노예가 되어 몸을 두려워하고 몸의 욕구에 따라서만 행동하는 사람은 나아가 타인의 노예가 되기 마련이다."

젊음을 잃는 것을 두려워하면 몸의 노예가 된다.

하지만 자신을 몸과 떼어놓고 생각할 수 있는 능력과 힘, 젊음이 영원하지 않다는 사실을 인정할 수 있는 능력과 힘이 있다면 자유로운 삶을 살 수 있다. 부상을 당해도 그것이 인생의 본질임을 깨닫게 되면 더 이상 화가 나지 않을 것이다. 사람의 몸은 질병과 부상을 당하기 마련이고, 때때로 자신의 처지를 있는 그대로 받아들이는 것 외에는 우리가 할 수 있는 일이 없다. 인간의 몸은 연약하지만 동시에 놀랍도록 강하다. 아주 심각한 상태만 아니라면 몸은 질환 대부분을 스스로 치유할 수 있는 힘이 있다.

대부분의 부상 역시 저절로 낫거나 물리 치료로 치유된다. 독감이나 장염에 걸리면 스스로 침입자를 처리하는 것처럼 말이다. 하지만 노화는 피할 수 없다.

인생의 무상함을 인정하는 것이 때로는 어렵고 때로는 두렵게 느껴질 수도 있지만, 스토아 철학을 실천할 수 있는 좋은 계기가 되기도 한다. 아프거나 다치는 등 노화의 징후를 마주할 때마다 저항하지 말라. 시작이 있으면 끝도 있다는 사실을 떠올려라. 우리는 작고 연약한 생명체로 태어나, 점차 정교한 신체를 가진 멋진 존재로 성장하고, 이내 서서히 노화한다. 건강관리를 통해 몸매를 유지하고 가꿀 수 있지만 우리가 할 수 있는 일에는 한계가 있다!

아플 때는 몸이 보내는 신호를 존중해야 한다. 나이가 들면 숨기려 하지 말고 당당해져야 한다. 이렇게 생각하면 인생의 무상함, 육체의 무상함에서 오는 불안감이 사라진다. 누구나 평생 스물네 살로 살기를 바라지만 흐르는 세월을 막을 수는 없다. 늙는 게 두려울 수 있다. 하지만 이렇게 생각해보라. 우리가 바꿀 수 없는 일에 에너지를 낭비하지 않는다면 더 나은 삶을 살 수 있다. 어떤 것의 노예가 되기를 바라는 사람은 없다. 그렇다면 그냥 자유로워지면 된다. 모든 것으로부터.

젊음을 잃는 것을 두려워하면
몸의 노예가 된다.

감사의 글

언제나 그렇듯이 이 책을 읽어준 여러분께 진심으로 감사드린다. 작가는 독자가 없으면 존재할 수 없다. 이 책을 끝까지 읽어주셔서 감사하다.

온라인 출판 플랫폼 〈미디엄〉의 존 글루크, 미셸 우, 에이미 션의 도움이 없었다면 이 책은 존재하지 않았을 것이다. 내 글을 매주 칼럼으로 연재하자고 제의해준 덕분에 그 글을 엮어 스토아 철학에 관한 책으로 출간까지 할 수 있었다. 마지막 몇 개를 제외한 모든 글을 에이미와 함께 거의 1년 반이라는 시간 동안 매주 만나 함께 편집했다. 에이미의 조언 덕분에 글의 깊이를 더할 수 있었다. 이 자리를 빌려 에이미에게 정말 고맙다는 말을 전하고 싶다. 사실 그가 〈미디엄〉을 떠난 후, 나는 더 이상 칼럼을 쓰지 않게 되었다. 혼자 글을 쓰는 과정이 나에게는 맞지 않았기 때문이다. 글쓰기처럼 혼자서 하는 일이라 할지라도 어떤 형태로든 협업은 필요하다. 내가 게시한 거의 모든 콘텐츠에 귀중한 의견을 달아준 편집자 겸 연구원인 존 푸케이에게도 고맙다는 말을 전한다. 이 책에 실린 글을 주제별로 묶어서 분류해준 사람도 존이다.

항상 대규모로 협업할 필요는 없지만 함께 힘을 합치면 더 나은 결과물을 만들어낼 수 있다.

모두의 건투를 빈다.

다리우스 포루

김지연 옮김

KAIST 경영과학과 졸업 후 미국 듀케인대학교에서 레토릭 및 커뮤니케이션학과를 졸업했다. 다년간 번역가로 활동하였으며, 현재 번역에이전시 엔터스코리아에서 전문 번역가로 활동하고 있다. 주요 역서로는《지쳤지만 무너지지 않는 삶에 대하여》,《바나나 산책시키기》,《놀라움의 힘》,《프로방스에서의 25년》,《외로움의 해부학》,《영향력과 설득》 등이 있다.

세네카의 오늘 수업
읽고 쓰고 마음에 새기는 스토아 철학의 지혜

초판 1쇄 발행 2025년 4월 23일

지은이 다리우스 포루
옮긴이 김지연
펴낸이 성의현
펴낸곳 미래의창

편집주간 김성옥
책임편집 정보라
디자인 공미향

출판 신고 2019년 10월 28일 제2019-000291호
주소 서울시 마포구 잔다리로 62-1 미래의창빌딩(서교동 376-15, 5층)
전화 070-8693-1719 **팩스** 0507-0301-1585
홈페이지 www.miraebook.co.kr
ISBN 979-11-93638-45-3 03100

※ 책값은 뒤표지에 표기되어 있습니다.

생각이 글이 되고, 글이 책이 되는 놀라운 경험. 미래의창과 함께라면 가능합니다.
책을 통해 여러분의 생각과 아이디어를 더 많은 사람들과 공유하시기 바랍니다.
투고메일 togo@miraebook.co.kr (홈페이지와 블로그에서 양식을 다운로드하세요)
제휴 및 기타 문의 ask@miraebook.co.kr